아이가 주인공인 책

아이는 스스로 생각하고 매일 성장합니다.
부모가 아이를 존중하고 그 가능성을 믿을 때
새로운 문제들을 스스로 해결해 나갈 수 있습니다.

〈기적의 학습서〉는 아이가 주인공인 책입니다.
탄탄한 실력을 만드는 체계적인 학습법으로
아이의 공부 자신감을 높여 줍니다.

아이의 가능성과 꿈을 응원해 주세요.
아이가 주인공인 분위기를 만들어 주고,
작은 노력과 땀방울에 큰 박수를 보내 주세요.
〈기적의 학습서〉가 자녀 교육에 힘이 되겠습니다.

조심조심 착은히 통고
해야 된다.

숙제가 하기 싫었는데 매미소리 덕에
한결 기분이 좋아졌다

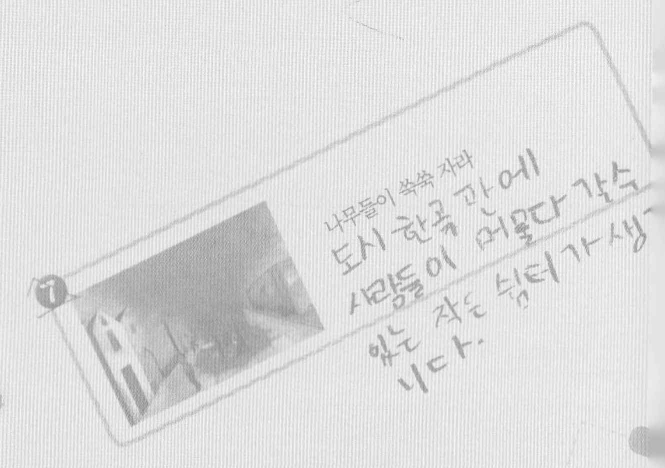

빠를 태

다섯친구들은 아주 용감하
다. 다섯친구들
너무 좋다.

어이없어 소원을빌었으니
이제 나무를 잘 패세요.

그 다섯명이
쎌줄도 모르고
덤벼서 너무 아
프고 억울해
또 만나면 혼
내줄거야
호랑이

언제	새벽 5시에
어디에서	집에서
누구와	나와
무슨 일	더워서 새벽5시에일어났다.

[기적의 독서 논술] 샘플을 먼저 경험한 전국의 주인공들

강민준 공현욱 구민서 구본준 권다은 권민재 김가은 김규리 김도연 김서현 김성훈
김윤아 김은서 김정원 김태완 김현우 남혜인 노윤아 노혜욱 류수영 박선율 박세은
박은서 박재현 박주안 박채운 박채환 박현우 배건웅 서아영 손승우 신예나 심민규
심준우 양서정 오수빈 온하늘 원현정 유혜수 윤서연 윤호찬 이 솔 이준기 이준혁
이하연 이효정 장보경 전예찬 전헌재 정윤서 정지우 조연서 조영민 조은상 주하림
지예인 진하윤 천태희 최예린 최정연 추예은 허준석 홍주원 홍주혁

"

고맙습니다.

우리 친구들 덕분에 이 책을 잘 만들 수 있었습니다.

"

안녕? 난 **뚱**이라고 해. 2019살이야.

디자이너 비따쌤이 만들었는데, 길벗쌤이 날 딱 보더니 엉뚱한 생각을 많이 할 것 같다고 '뚱'이란 이름을 지어 줬어. (뚱뚱해서 지은 거 아니야! 화났뚱) 나는 이 책에 가끔 나와.

새싹뚱, 글자뚱, 읽는뚱, 쓰는뚱, 생각뚱, 탐구뚱, 박사뚱, 말뚱, 놀뚱, 쉴뚱! (**똥** 아니야! 잘 봐~)

너희들 읽기도 쓰기도 하는 둥 마는 둥 할까 봐 내가 아주 걱정이 많아. 그래서 살짝뚱 도와줄 거야.

같이 해 보자고!! 뚱뚱~~

초등 문해력, 쓰기로 완성한다!

기적의 독서 논술

길벗스쿨

기적의 독서 논술 5권 초등3학년

초판 1쇄 발행 2020년 2월 2일
개정 1쇄 발행 2024년 4월 11일

지은이 기적학습연구소
발행인 이종원
발행처 길벗스쿨
출판사 등록일 2006년 6월 16일
주소 서울시 마포구 월드컵로 10길 56(서교동 467-9)
대표 전화 02)332-0931 | **팩스** 02)323-0586
홈페이지 www.gilbutschool.co.kr | **이메일** gilbut@gilbut.co.kr

기획 신경아(skalion@gilbut.co.kr) | **책임 편집** 박은숙, 유명희, 이은정
제작 이준호, 손일순, 이진혁 | **영업마케팅** 문세연, 박선경, 박다슬 | **웹마케팅** 박달님, 이재윤, 나혜연
영업관리 김명자, 정경화 | **독자지원** 윤정아

디자인 디자인비따 | **전산편집** 디그린, 린 기획
편집 진행 이은정 | **교정 교열** 백영주
표지 일러스트 이승정 | **본문 일러스트** 이주연, 루인, 조수희, 백정석, 김지아
CTP출력 및 인쇄 교보피앤비 | **제본** 경문제책

ISBN 979-11-6406-675-9 64710
(길벗스쿨 도서번호 10943)
정가 12,000원

머리말

'읽다'라는 동사에는 명령형이 먹혀들지 않는다.
이를테면 '사랑하다'라든가 '꿈꾸다' 같은 동사처럼,
'읽다'는 명령형으로 쓰면 거부 반응을 일으키는 것이다. 물론 줄기차게 시도해 볼 수는 있다.
"사랑해라!", "꿈을 가져라."라든가, "책 좀 읽어라, 제발!", "너, 이 자식, 책 읽으라고 했잖아!"라고.
효과는? 전혀 없다.

-『다니엘 페나크, 〈소설처럼〉 중에서』

이 책을 기획하면서 읽었던 많은 독서 교육 관련 책 중에 가장 기억에 남는 구절이었습니다. 볼거리와 놀거리가 차고 넘치는 세상에서 아이들에게 그럼에도 불구하고 '독서가 답이야.'라고 말해 주고 싶어서 이 책을 기획했습니다. 그래서 어떻게 하면 '독서(읽다)와 논술(쓰다)'이라는 말이 명령형처럼 들리지 않을까 고민했습니다. '혼자서도 할 수 있어.'에서 '같이 해 보자.'로 방법을 바꿔 제안합니다.

독서도 연산처럼 훈련이 필요한 학습입니다. 글자를 뗀 이후부터 혼자서 책을 척척 찾아 읽고, 독서 감상문도 줄줄 잘 쓰는 친구가 있을까요? 처음에는 쉽지 않습니다. 초보 독서에서 벗어나 능숙한 독서가로 성장하기 위해서는 무릎 학교 선생님(부모님)의 도움이 필요합니다. 가랑비에 옷 젖듯, 매일 조금씩 천천히 함께 책 읽는 시간을 가져 보세요. 그리고 읽은 것에 대해 이런저런 대화를 나누어 보세요. 함께 책을 읽는 연습이 되어야 생각하는 힘이 생기고, 자기 생각을 표현하는 방법도 깨우치게 됩니다.

아이가 잘 읽고 있다고 생각할 수 있지만, 내용을 금방 파악하기 어려울 수 있습니다. 이럴 때 부모님께서 함께 글의 내용을 떠올려 봐 주시고, 생각의 물꼬를 터 주신다면 아이들은 쉽게 글 속으로 빠져들게 될 것입니다.

생각을 표현하는 것 또한 녹록지 않을 수 있습니다. 처음부터 완벽한 문장으로 쓰기를 기대하지 마세요. 읽는 것만큼 쓰는 것도 자주 해 봐야 늡니다. 쓰기를 특히 어려워한다면 말로 표현해 보라고 먼저 권유해 주세요. 한 주에 한 편씩 읽고 쓰고 대화하는 동안에 공감 능력과 이해력이 생기고, 생각하고 표현하는 능력이 향상될 것입니다.

초등 공부는 읽기로 시작해서 쓰기로 완성됩니다. 지금 이 책이 그 효과적인 독서 교육 방법을 제안합니다. 이 책을 선택하신 무릎 학교 선생님, 우리 아이에게 딱 맞는 독서 교육가가 되어 주십시오. 아이와 함께 할 때 효과는 배가 될 것입니다.

2020. 2

기적학습연구소 일동

어떤 책인가요?

〈기적의 독서 논술〉은 매주 한 편씩 깊이 있게 글을 읽고 생각을 쓰면서 사고력을 키우는 초등 학년별 독서 논술 프로그램입니다.

눈에만 담는 독서에서 벗어나, 읽고 떠오르는 생각과 감정을 밖으로 표현해 보세요. 매주 새로운 글을 통해 생각 훈련을 하다 보면, 어휘력과 독해력은 물론 표현력까지 기를 수 있습니다. 예비 초등을 시작으로 학년별 2권씩, 총 14권으로 구성되어 있습니다.

* 초등 고학년(5~6학년)을 대상으로 한 〈기적의 역사 논술〉도 함께 출시되어 있습니다. 〈기적의 역사 논술〉은 매주 한 편씩 한국사 스토리를 통해 역사적 맥락을 이해하고, 그 의미를 파악하며 생각을 써 보는 통합 사고력 프로그램입니다.

1 학년(연령)별 구성

학년별 2권 구성

한 학기에 한 권씩 독서 논술을 테마로 학습 계획을 짜 보는 것은 어떨까요?

독서 프로그램 차등 설계

읽기 역량을 고려하여 본문의 구성도 차등 적용하였습니다.

예비 초등과 초등 1학년은 짧은 글을 중심으로 장면별로 끊어 읽는 독서법을 채택하였습니다. 초등 2~4학년은 한 편의 글을 앞뒤로 나누어 읽도록 하였고, 초등 5~6학년은 한 편의 글을 끊지 않고 쭉 이어서 읽도록 하였습니다. 글을 읽은 뒤에는 글의 내용을 확인 정리하면서 생각을 펼칠 수 있도록 설계하였습니다.

선택팁 단계별(학년별)로 읽기 분량이나 서술 · 논술형 문제에 난이도 차가 있습니다. 아이 학년에 맞게 책을 선택하시되 첫 주의 내용을 보시고 너무 어렵겠다 싶으시면 전 단계를, 이 정도면 수월하겠다 싶으시면 다음 권을 선택하셔서 학습하시길 추천드립니다.

2 읽기 역량을 고려한 다채로운 읽기물 선정 (커리큘럼 소개)

권	주	읽기물	주제	장르	비고	특강
P1	1	염소네 대문	친구 사귀기	창작 동화	인문, 사회	한 장면 생각 표현
	2	바람과 해님	지혜, 온화함	명작 동화	인문, 과학	
	3	임금님 귀는 당나귀 귀	비밀 지키기	전래 동화	인문, 사회	
	4	숲속 꼬마 사자의 변신	바른 태도로 듣기	창작 동화	사회, 언어	
P2	1	수상한 아저씨의 뚝딱 목공소	편견, 직업	창작 동화	인문, 기술	한 장면 생각 표현
	2	짧아진 바지	효, 소통	전래 동화	사회, 문화	
	3	레옹을 부탁해요	유기묘, 동물 사랑	창작 동화	인문, 과학	
	4	어리석은 소원	신중하게 생각하기	명작 동화	인문, 사회	
1	1	글자가 사라진다면	한글의 소중함	창작 동화	언어, 사회	그림일기 사람을 소개하는 글
	2	노란색 운동화	쓸모와 나눔	창작 동화	사회, 경제	
	3	재주 많은 다섯 친구	재능	전래 동화	인문, 기술	
	4	우리는 한 가족	가족 호칭	지식 동화	사회, 문화	
2	1	토끼의 재판	은혜, 이웃 도와주기	전래 동화	인문, 사회	일기 물건을 설명하는 글
	2	신통방통 소식통	감각 기관	설명문	과학, 기술	
	3	숲속 거인의 흥미진진 퀴즈	도형	지식 동화	과학, 수학	
	4	열두 띠 이야기	열두 띠가 생겨난 유래	지식 동화	사회, 문화	
3	1	당신이 하는 일은 모두 옳아요	믿음	명작 동화	인문, 사회	부탁하는 글 편지
	2	바깥 활동 안전 수첩	안전 수칙	설명문	사회, 안전	
	3	이르기 대장 나최고	이해, 나쁜 습관	창작 동화	인문, 사회	
	4	우리 땅 곤충 관찰기	여름에 만나는 곤충	관찰 기록문	과학, 기술	
4	1	고제는 알고 있다	친구 이해	창작 동화	인문, 사회	책을 소개하는 글 관찰 기록문
	2	여성을 위한 변호사 이태영	위인, 남녀평등	전기문	사회, 문화	
	3	염색약이냐 연필깍이냐, 그것이 문제로다!	현명한 선택	경제 동화	사회, 경제	
	4	내 직업은 직업 발명가	직업 선택	지식 동화	사회, 기술	
5	1	지하 정원	성실함, 선행	창작 동화	사회, 철학	독서 감상문 제안하는 글
	2	내 친구가 사는 곳이 궁금해	대도시와 마을	지식 동화	사회, 지리	
	3	팥죽 호랑이와 일곱 녀석	배려와 공감	반전 동화	인문, 사회	
	4	수다쟁이 피피의 요란한 바다 여행	환경 보호, 미세 플라스틱 문제	지식 동화	과학, 환경	
6	1	여행	여행, 체험	동시	인문, 문화	설명문 시
	2	마녀의 빵	적절한 상황 판단	명작 동화	인문, 사회	
	3	숨바꼭질	자존감	창작 동화	사회, 문화	
	4	한반도의 동물을 구하라!	한반도의 멸종 동물들	설명문	과학, 환경	
7	1	작은 총알 하나	전쟁 반대, 평화	창작 동화	인문, 평화	기행문 논설문
	2	백제의 숨결, 무령왕릉	문화 유산 답사	기행문	역사, 문화	
	3	돌멩이 수프	공동체, 나눔	명작 동화	사회, 문화	
	4	우리 교실에 벼가 자라요	식물의 한살이	지식 동화	과학, 기술	
8	1	헬로! 두떡 마켓	북한 주민 정착	창작 동화	사회, 문화	기사문 연설문
	2	2005 스탠퍼드대학교 졸업식 연설문	끊임없는 도전 정신	연설문	과학, 기술	
	3	피부색으로 차별받지 않는 무지개 나라	편견과 차별	지식 동화	문화, 역사	
	4	양반전	위선과 무능 풍자	고전 소설	사회, 문화	

3 어휘력 + 독해력 + 표현력을 한번에 잡는 3단계 독서 프로그램

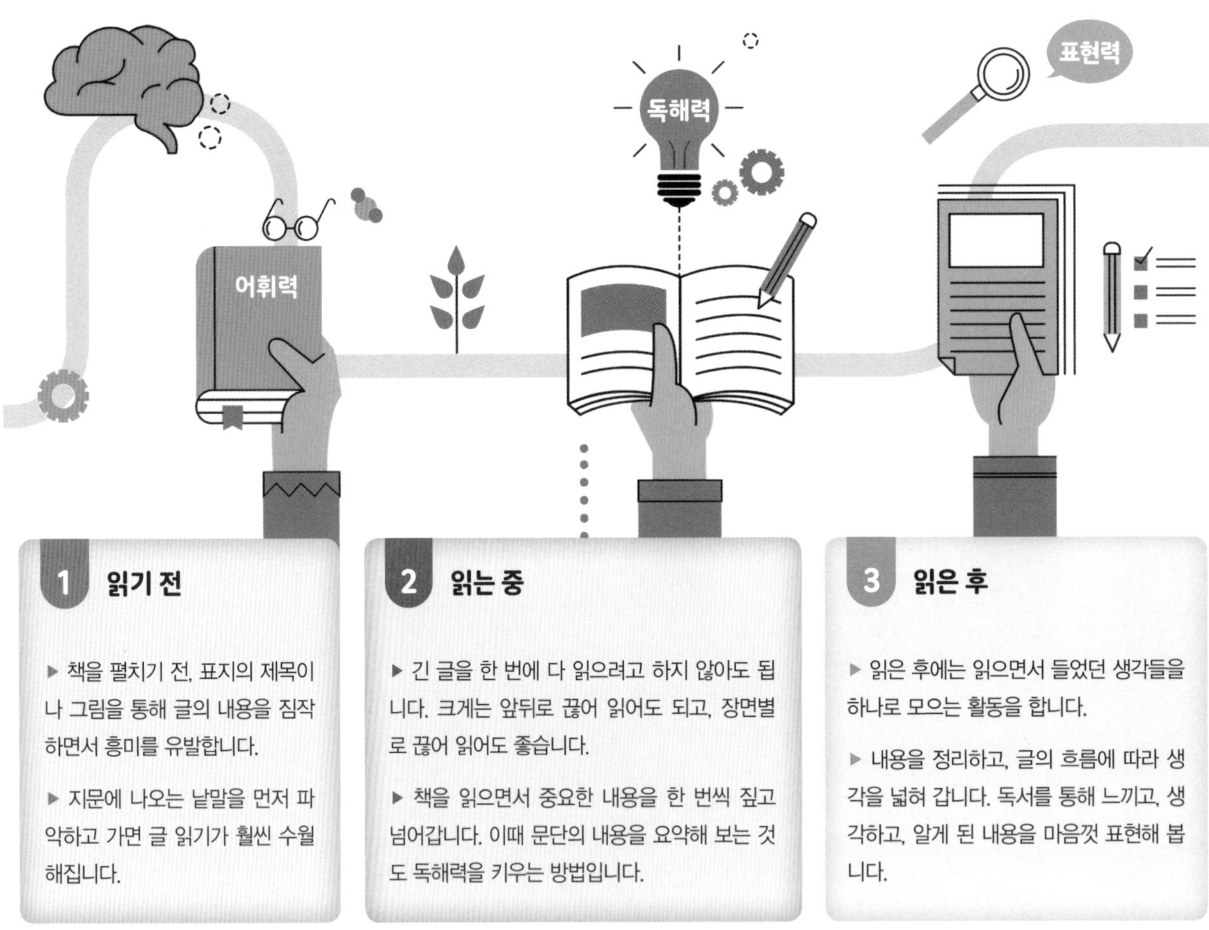

1 읽기 전

▶ 책을 펼치기 전, 표지의 제목이나 그림을 통해 글의 내용을 짐작하면서 흥미를 유발합니다.

▶ 지문에 나오는 낱말을 먼저 파악하고 가면 글 읽기가 훨씬 수월해집니다.

2 읽는 중

▶ 긴 글을 한 번에 다 읽으려고 하지 않아도 됩니다. 크게는 앞뒤로 끊어 읽어도 되고, 장면별로 끊어 읽어도 좋습니다.

▶ 책을 읽으면서 중요한 내용을 한 번씩 짚고 넘어갑니다. 이때 문단의 내용을 요약해 보는 것도 독해력을 키우는 방법입니다.

3 읽은 후

▶ 읽은 후에는 읽으면서 들었던 생각들을 하나로 모으는 활동을 합니다.

▶ 내용을 정리하고, 글의 흐름에 따라 생각을 넓혀 갑니다. 독서를 통해 느끼고, 생각하고, 알게 된 내용을 마음껏 표현해 봅니다.

예비 초등~1학년의 독서법

읽기 능력을 살리는 '장면별 끊어 읽기'

창작/전래/이솝 우화 등 짧지만 아이들의 감성을 자극하고 공감을 끌어낼 수 있는 이야기글을 수록하였습니다. 어린 연령일수록 읽기에 대한 거부감을 줄이고, 독서에 대한 재미를 더합니다.

2학년 이상의 독서법

사고력과 비판력을 키우는 '깊이 읽기'

동화뿐 아니라 시, 전기문, 기행문, 설명문, 연설문, 고전 등 다양한 갈래를 다루고 있습니다. 읽기 능력 신장을 위해 저학년에 비해 긴 글을 앞뒤로 나누어 읽어 봅니다. 흥미로운 주제와 시공간을 넘나드는 폭넓은 소재로 아이들의 생각을 펼칠 수 있게 하였습니다.

4 사고력 확장을 위한 서술·논술형 문제 출제

초등학생에게 논술은 '생각 쓰기 연습'에 해당합니다.

교육 평가 과정이 객관식에서 주관식 평가로 점차 변화하고 있습니다. 학교에서는 지필고사를 대신한 수행평가가 수시로 이루어지고 있습니다. 정오답을 찾는 단선적인 객관식보다 사고력을 평가할 수 있는 주관식의 비율이 높아지고, 국어뿐 아니라 수학, 사회, 과학 등 서술형 평가가 확대되고 있습니다. 이런 평가를 대비하여 글을 읽고, 생각을 표현하는 방법을 다각도로 훈련할 수 있도록 구성하였습니다.

이 책에서 출제된 서술·논술형 문제 유형은 다음과 같습니다.

"만약에 나라면 어떻게 했을지 쓰세요." 균형, 비판

"왜 그런 행동(말)을 했을지 쓰세요." 공감, 논리

"다음과 같은 상황에 처했을 때 주인공은 어떻게 했을지 쓰세요." 창의, 비판

"등장인물에게 나는 어떤 말을 해 주고 싶은지 쓰세요." 공감, 균형

"A와 B의 비슷한(다른) 점은 무엇인지 쓰세요." 논리, 비판

글을 읽을 때 생각이 자라지만, 생각한 바를 표현할 때에도 사고력은 더 확장됩니다. 꼼꼼하게 읽고, 중간중간 내용을 확인한 후에 전체적으로 읽은 내용을 정리해 봄으로써 생각을 다듬고 넓혀 갈 수 있습니다. 한 편의 글을 통해 주인공의 입장이 되어 보기도 하고, '나라면 어땠을까?'를 생각해 보는 연습이 논술에 해당합니다. 하나의 주제를 담고 있는 글을 읽고 내용의 옳고 그름을 판단하기도 하고, 글의 전체적인 맥락을 파악함으로써 논리적이고 비판적인 사고를 할 수 있습니다.

지도팁 장문의 글을 써야 하는 논술 문제는 없지만, 자신의 생각을 마음껏 표현할 수 있게 유도해 주세요. 글로 바로 쓰는 게 어렵다면 말로 표현해 볼 수 있도록 지도해 주시기 바랍니다. 말로 표현한 것을 문장으로 다듬어 쓰다 보면, 생각한 것이 어느 정도 정리됩니다. 여러 번 연습한 후에 논리가 생기고, 표현력 또한 자라게 될 것입니다. 다소 엉뚱한 대답일지라도 나름의 논리와 생각의 과정이 건강하다면 칭찬을 아끼지 마십시오.

이렇게 활용하면 좋아요!

3학년을 위한 5권 / 6권

3학년이면 이제 그림책보다는 글줄이 더 많은 이야기책을 읽을 수 있어야 합니다. 이야기책은 물론 다양한 주제와 소재를 다루고 있는 비문학 글도 접하는 것이 좋습니다.

관심 있는 주제의 이야기를 읽은 후에는 관련 도서를 더 찾아보는 것을 추천합니다.

공부 계획 세우기

13쪽

권별 전체 학습 계획

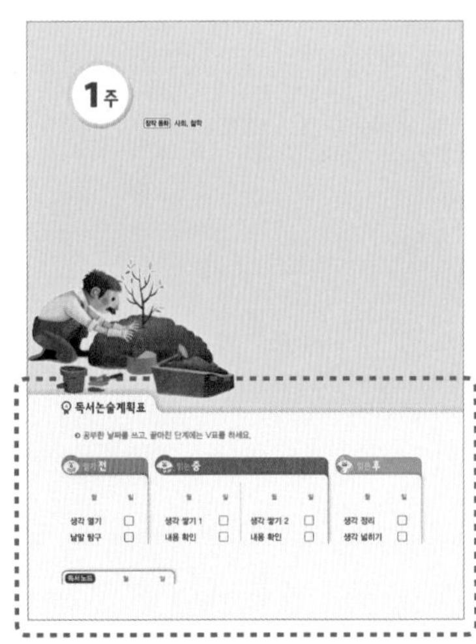

주차 학습 시작 페이지

주별 학습 확인

한 주에 한 편씩, 5일차 학습 설계

학습자의 읽기 역량에 따라 하루에 1~2일차를 이어서 할 수도 있고, 1일차씩 끊어서 학습할 수도 있습니다. 계획한 대로 학습이 이루어졌는지 자기 점검을 꼭 해 보세요.

학년별 특강 [갈래별 글쓰기]

국어과 쓰기 학습에 필요한 '갈래별 글쓰기' 연습을 통해 표현력을 키울 수 있도록 구성하였습니다.
그림일기를 시작으로 기행문, 논설문까지 국어 교과서에서 학년별로 다루는 다양한 갈래의 개념을 설명하고, 이를 구조적으로 쉽게 풀어서 쓸 수 있는 방법을 연습합니다.

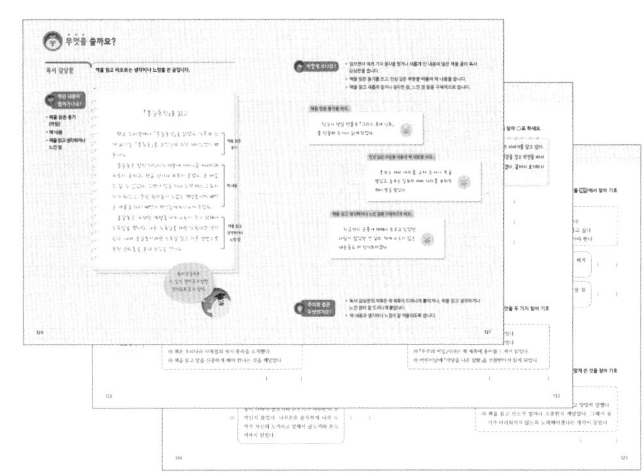

지도팁 쓰기에 취약한 친구들은 단계적으로 순서를 밟아 쓸 수 있도록 해 주세요.

온라인 제공 [독서 노트]

길벗스쿨 홈페이지(www.gilbutschool.co.kr) 자료실에서 독서 노트를 내려받아 활용할 수 있습니다. 책을 읽고 느낀 점이나 인상 깊었던 점을 간략하게 쓰거나 그리고, 재미있었는지도 스스로 평가해 봅니다. 이 책에 제시된 글뿐만 아니라 추가로 읽은 책에 대한 독서 기록을 남길 수도 있습니다.

▶길벗스쿨 홈페이지
독서 노트 내려받기

매일 조금씩 책 읽는 습관이
아이의 사고력을 키웁니다.

3단계 독서 프로그램

① 읽기 전

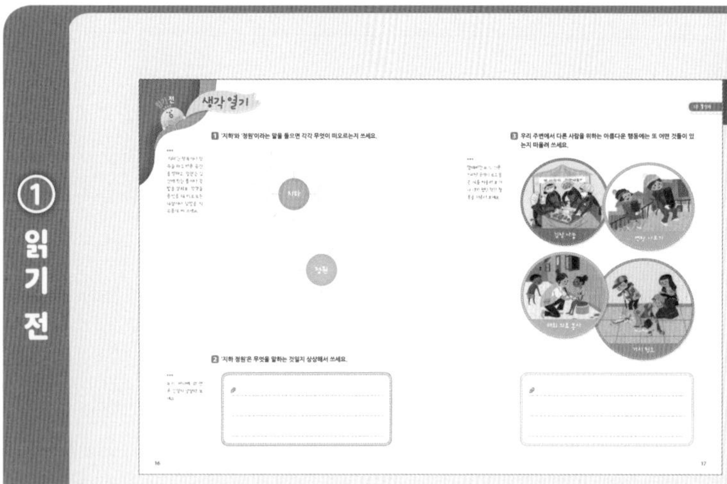

1주 1일차

생각 열기

읽게 될 글의 그림이나 제목과 관련지어서 내용을 미리 짐작해 본다거나 배경지식을 떠올리면서 읽는 목적을 분명히 하는 활동입니다.

② 읽는 중

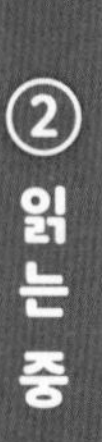

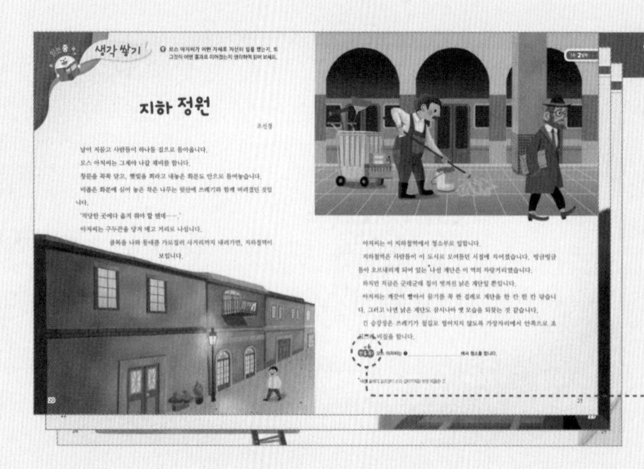

1주 2일차

생각 쌓기

학습자의 읽기 역량에 따라 긴 글을 장면별로 끊어 읽기도 하고, 전후로 크게 나누어 읽어 봅니다. 부모님과 함께 소리 내어 읽어 보는 것은 어떨까요?

한줄 톡! 은 읽은 글의 내용을 한 문장으로 요약해 보는 활동입니다.

③ 읽은 후

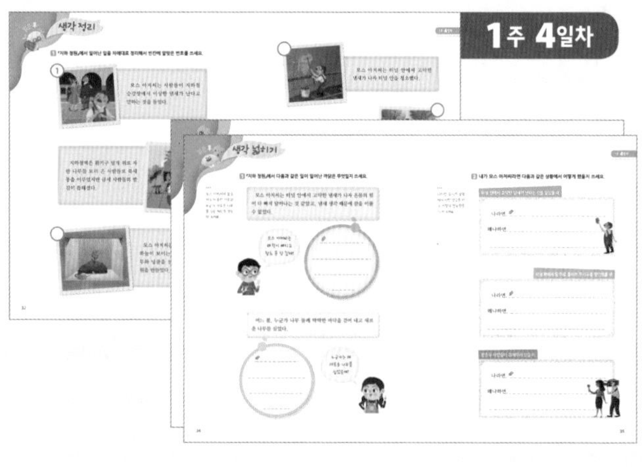

1주 4일차

생각 정리

글의 내용을 한눈에 정리해 보는 활동입니다. 장면을 이야기의 흐름대로 정리해 볼 수도 있고, 주요 내용을 채워서 이야기의 흐름을 완성할 수도 있습니다.

생각 넓히기

다양한 사고력을 필요로 하는 서술·논술형 문제들입니다. 글을 읽고 생각한 바를 다양한 방법으로 표현해 볼 수 있습니다.

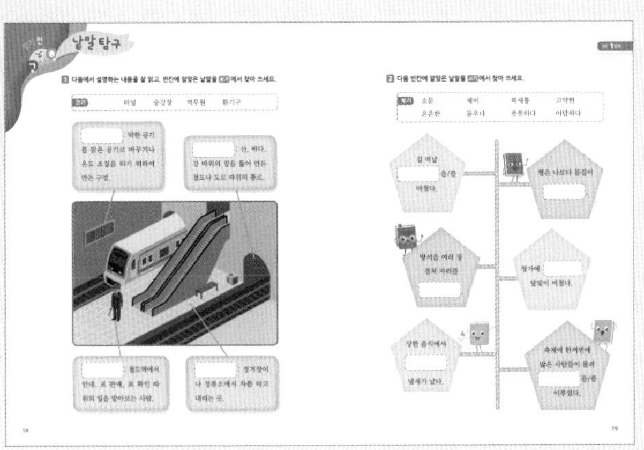

어휘력 쑥쑥!

낱말 탐구

글에 나오는 주요 어휘를
미리 공부하면서 읽기를 조금 더 수월하게
이끌어 갑니다. 뜻을 모를 때에는
가이드북을 참고하세요.

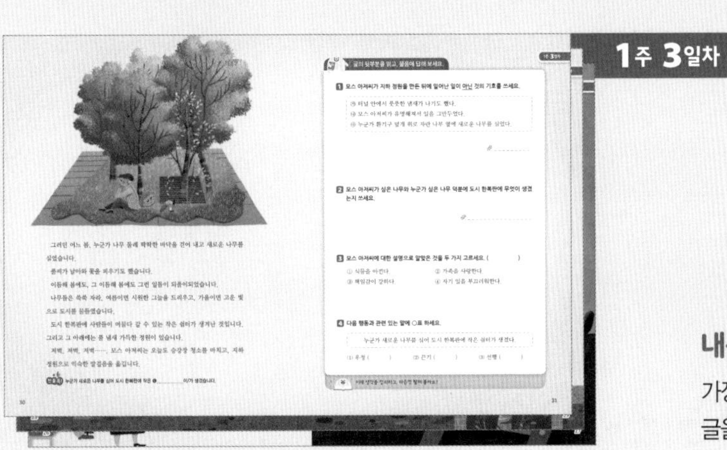

독해력 척척!

내용 확인 (독해)

가장 핵심적인 독해 문제만 실었습니다.
글을 꼼꼼하게 읽었는지 확인할 수 있습니다.

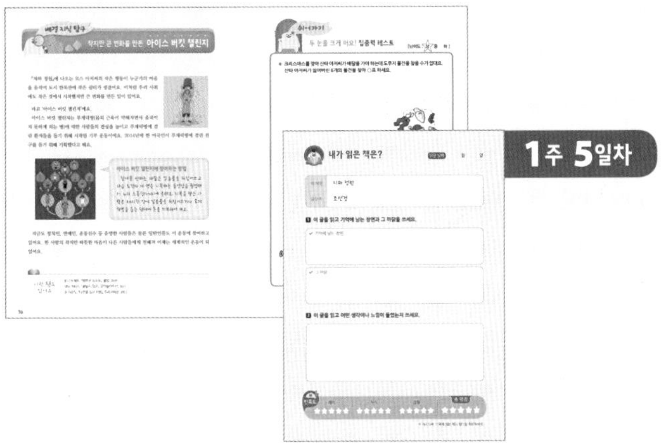

표현력 뿜뿜!

배경지식 탐구 / 쉬어가기

읽은 글의 내용과 관련된 배경지식을
담았습니다. 주제와 연관된 추천 도서도
살펴볼 수 있습니다. 잠깐 쉬면서
머리를 식히는 코너도 마련했습니다.

독서 노트

읽은 책에 대한 감상평을 남겨 보세요.
별점을 매기며 종합적으로 평가해
보는 것도 좋습니다.

차례 보고 만드는 독서 다이어리

차례

* 한 주에 한 편씩 계획을 세워 독서 다이어리를 완성해 보세요.

주차별	읽기 전	읽는 중		읽은 후	
글의 제목	생각 열기 낱말 탐구	생각 쌓기 내용 확인		생각 정리 생각 넓히기	독서 노트
예 ○주 글의 제목을 쓰세요.	3/3 낱말이 어렵다 ㅠ-ㅠ	3/5	3/6 문제 다 맞음!	3/7	/
	/	/	/	/	/
	/	/	/	/	/
	/	/	/	/	/
	/	/	/	/	/

특강 갈래별 글쓰기

	무엇을 쓸까요?	어떻게 쓸까요?	이렇게 써 봐요!
갈래 1	/		/

	무엇을 쓸까요?	어떻게 쓸까요?	이렇게 써 봐요!
갈래 2	/		/

창작 동화 사회, 철학

독서논술계획표

공부한 날짜를 쓰고, 끝마친 단계에는 V표를 하세요.

읽기 전	읽는 중		읽은 후
월 일	월 일	월 일	월 일
생각 열기 ☐	생각 쌓기 1 ☐	생각 쌓기 2 ☐	생각 정리 ☐
낱말 탐구 ☐	내용 확인 ☐	내용 확인 ☐	생각 넓히기 ☐

독서노트 월 일

지하 정원

조선경

읽기 전

생각 열기

1 '지하'와 '정원'이라는 말을 들으면 각각 무엇이 떠오르는지 쓰세요.

•••

'지하'는 땅속이나 땅속을 파고 만든 공간을 말하고, '정원'은 집 안에 있는 뜰이나 꽃밭을 말해요. 각각을 들었을 때 떠오르는 대상이나 낱말을 자유롭게 써 보세요.

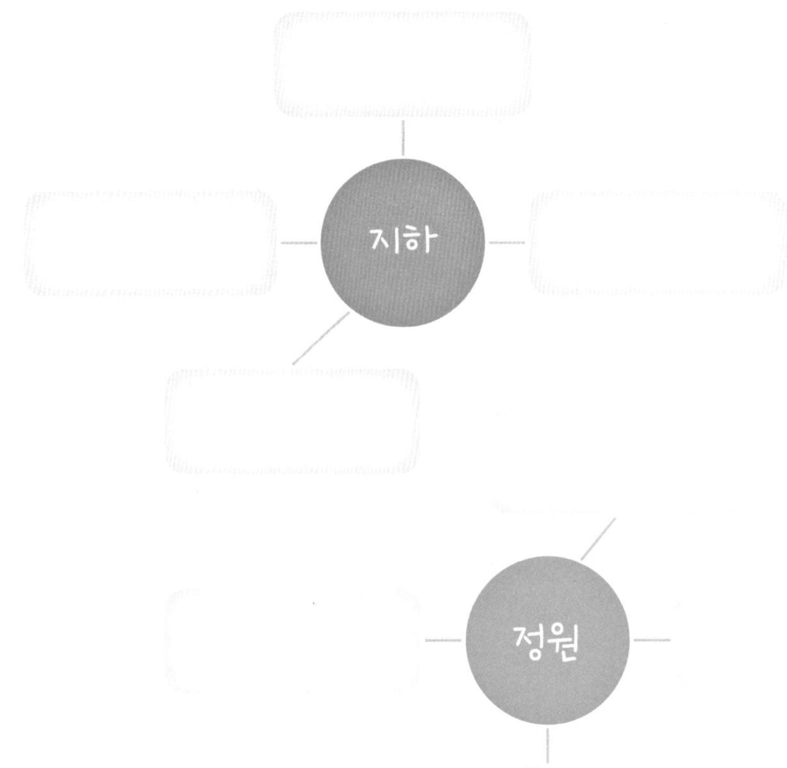

2 '지하 정원'은 무엇을 말하는 것일지 상상해서 쓰세요.

•••

누가, 어디에, 왜 만든 것일지 상상해 보세요.

3 우리 주변에서 다른 사람을 위하는 아름다운 행동에는 또 어떤 것들이 있는지 떠올려 쓰세요.

●●●
텔레비전 뉴스, 신문, 인터넷 등에서 보고 들은 예를 떠올려 보거나 내가 했던 착한 행동을 떠올려 보세요.

읽기 전 낱말 탐구

1 다음에서 설명하는 내용을 잘 읽고, 빈칸에 알맞은 낱말을 보기 에서 찾아 쓰세요.

보기	터널	승강장	역무원	환기구

(   ): 탁한 공기를 맑은 공기로 바꾸거나 온도 조절을 하기 위하여 만든 구멍.

(   ): 산, 바다, 강 따위의 밑을 뚫어 만든 철도나 도로 따위의 통로.

(   ): 철도역에서 안내, 표 판매, 표 확인 따위의 일을 맡아보는 사람.

(   ): 정거장이나 정류소에서 차를 타고 내리는 곳.

2 다음 빈칸에 알맞은 낱말을 보기에서 찾아 쓰세요.

보기			
소문	채비	북새통	고약한
은은한	돋우다	푹푹하다	아담하다

길 떠날 ( ) 을/를 마쳤다.

형은 나보다 몸집이 ( ).

방석을 여러 장 겹쳐 자리를 ( ).

창가에 ( ) 달빛이 비쳤다.

상한 음식에서 ( ) 냄새가 났다.

축제에 한꺼번에 많은 사람들이 몰려 ( ) 을/를 이루었다.

읽는 중 생각 쌓기

모스 아저씨가 어떤 자세로 자신의 일을 했는지, 또 그것이 어떤 결과로 이어졌는지 생각하며 읽어 보세요.

지하 정원

조선경

날이 저물고 사람들이 하나둘 집으로 돌아옵니다.

모스 아저씨는 그제야 나갈 채비를 합니다.

창문을 꼭꼭 닫고, 햇빛을 쬐라고 내놓은 화분도 안으로 들여놓습니다.

비좁은 화분에 심어 놓은 작은 나무는 뒷산에 쓰레기와 함께 버려졌던 것입니다.

'적당한 곳에다 옮겨 줘야 할 텐데…….'

아저씨는 구두끈을 당겨 매고 거리로 나섭니다.

골목을 나와 동네를 가로질러 사거리까지 내려가면, 지하철역이 보입니다.

아저씨는 이 지하철역에서 청소부로 일합니다.

지하철역은 사람들이 이 도시로 모여들던 시절에 지어졌습니다. 빙글빙글 돌아 오르내리게 되어 있는 ✦나선 계단은 이 역의 자랑거리였습니다.

하지만 지금은 군데군데 칠이 벗겨진 낡은 계단일 뿐입니다.

아저씨는 깨끗이 빨아서 물기를 꼭 짠 걸레로 계단을 한 칸 한 칸 닦습니다. 그러고 나면 낡은 계단도 잠시나마 옛 모습을 되찾는 것 같습니다.

긴 승강장은 쓰레기가 철길로 떨어지지 않도록 가장자리에서 안쪽으로 조심스레 비질을 합니다.

모스 아저씨는 ❶ ______________ 에서 청소를 합니다.

✦**나선**: 물체의 겉모양이 소라 껍데기처럼 빙빙 비틀린 것.

아저씨가 승강장을 걸레로 닦고 있을 때였습니다.

"어디서 이상한 냄새가 나는 것 같지 않아?"

"맞아, 지하철이 들어올 때면 더한 것 같아."

막차를 기다리던 사람들이 한마디씩 했습니다.

그때 지하철 들어오는 소리가 윙윙 들려왔습니다.

지하철이 떠난 뒤에도 사람들이 했던 말은 아저씨 귓가에 남아 윙윙거렸습니다.

아저씨는 멀어져 가는 지하철을 멍하니 바라보다 터널 쪽으로 다가갔습니다.

어두운 터널에서 고약한 냄새가 훅 끼쳐 왔습니다.

아저씨는 우두커니 서서 텅 빈 터널을 바라보았습니다.

온몸의 힘이 다 빠져 달아나는 것 같았습니다.

아저씨는 여느 때처럼 새벽 첫차가 오기 전에 일을 끝내고 집으로 돌아와 자리에 누웠습니다. 저녁에 다시 일을 나가려면 낮에 잠을 자 두어야 합니다.

하지만 아저씨는 좀처럼 잠을 이룰 수가 없었습니다. 터널에서 나는 냄새를 생각하면 저도 모르게 눈이 번쩍 떠졌습니다.

잠을 설친 아저씨는 다른 날보다 일찍 일터로 나갔습니다. 그리고 부지런히 청소를 마친 뒤, 터널 안으로 들어갔습니다.

아저씨는 바닥에 고인 물을 훔쳐 내고, 벽에 덕지덕지 앉은 검은 때와 곰팡이를 벗겨 냈습니다.

물비누를 풀어 벽을 닦자, 까만 비누 거품 사이로 파란 벽이 드러났습니다.

한줄톡! 모스 아저씨는 ❷ __________ 안을 청소했습니다.

아저씨는 날마다 조금씩 시간을 내서 터널 안을 청소했습니다.

그러던 어느 날, 아저씨는 터널 벽에서 땅 위로 통하는 환기구를 발견했습니다.

환기구에 가득 찬 쓰레기를 치워 내자 은은한 달빛과 서늘한 밤바람이 밀려들었습니다. 밤바람에 실려 오는 자동차 소리마저 상쾌하게 들렸습니다.

아저씨 머릿속에 문득 좋은 생각이 떠올랐습니다.

아저씨는 환기구 안쪽 하늘이 보이는 곳에 흙을 가져다 두둑이 쌓았습니다. 그리고 집 화분에 심어 두었던 작은 나무를 옮겨 심었습니다. 작은 나무 혼자는 외로울 것 같아 늘 푸른 넝쿨도 함께 심었습니다.

어둡고 차가운 시멘트 터널 안에 아저씨만의 아담한 정원이 생겼습니다.

모스 아저씨는 터널 안에 ❸ ______________ 과/와 늘 푸른 넝쿨을 심었습니다.

글의 앞부분을 읽고, 물음에 답해 보세요.

1 모스 아저씨의 직업은 무엇인지 쓰세요.

____

2 모스 아저씨가 터널 안을 청소하게 된 까닭은 무엇인가요? (　　　)

① 터널 안에서 사고가 나서
② 터널 안에 정원을 만들고 싶어서
③ 터널 안에서 고약한 냄새가 나서
④ 일을 더 해서 돈을 많이 벌고 싶어서

3 모스 아저씨가 터널 안에 심은 작은 나무에 대한 설명으로 알맞지 <u>않은</u> 것의 기호를 쓰세요.

㉮ 정원을 만들기 위해 새로 산 것이다.
㉯ 뒷산에 쓰레기와 함께 버려졌던 것이다.
㉰ 모스 아저씨네 집 비좁은 화분에 심어 두었던 것이다.

____

4 터널 안을 청소하기 전과 청소한 후에 모스 아저씨의 마음은 어떻게 달라졌을지 보기에서 찾아 쓰세요.

보기	어색하다.	후련하다.	찜찜하다.	섭섭하다.

(　　　　　　　　) → (　　　　　　　　)

이어서 다음 글을 읽어 보세요.

아저씨는 그 뒤로도 날마다 조금씩 시간을 내어 터널 안을 청소했습니다.

터널에서 나오기 전에 지하 정원에 들러 작은 나무에 물 주는 것도 잊지 않았습니다. 나무가 뿌리를 잘 내릴 수 있도록 흙을 돋우고 거름도 보태 주었습니다.

이제 터널 안에서 고약한 냄새가 난다고 말하는 사람은 아무도 없습니다. 가끔은 풋풋한 냄새가 바람에 실려 오기도 했습니다.

지하철을 기다리는 사람들의 얼굴이 한결 밝아진 것을 보면, 아저씨도 덩달아 기분이 좋아졌습니다.

환기구 틈새로 햇빛이 들어오고, 이따금씩 빗방울도 떨어집니다.

저벅, 저벅, 저벅…….

작은 나무는 아저씨의 발소리를 들으며 부지런히 뿌리를 내리고 가지를 뻗었습니다.

그렇게 시간이 흐르고, 또 흘렀습니다.

터널 안에서 ❹ ______________ 냄새가 나기도 했고, 작은 나무는 잘 자랐습니다.

ILIZER

어느 봄날, 작은 나무는 땅 위로 살짝 가지를 내밀었습니다.

"엄마, 엄마, 이것 좀 봐요!"

지나가던 아이가 소리쳤습니다. 하지만 나무를 눈여겨보는 사람은 아무도 없었습니다.

나무는 하루가 다르게 자랐습니다.

언제부턴가 환기구 덮개 위로 우뚝 솟아난 나무를 보며 고개를 갸웃거리는 사람이 늘어났습니다.

"지하철역 환기구에서 나무가 자란다!"

소문은 입에서 입을 건너 온 도시로 퍼져 나갔습니다.

어느 날은 신문사에서 사진을 찍어 가기도 하고, 어느 날은 방송국에서 역무원들을 찾아와 나무에 대해 물어보기도 했습니다.

그 바람에 지하철역은 나무를 보러 온 사람들로 날마다 북새통을 이루었습니다.

하지만 그런 북새통도 그리 길게 가지는 않았습니다. 사람들의 발길은 하루하루 뜸해져서, 계절이 바뀔 즈음에는 아무 일도 없었던 것처럼 조용해졌습니다.

저벅, 저벅, 저벅…….

나무는 아저씨의 발소리를 들으며 탁 트인 하늘로 가지를 뻗어 나갔습니다.

작은 나무가 지하철 ❺ ______________ 덮개 위로 자랐습니다.

그러던 어느 봄, 누군가 나무 둘레 딱딱한 바닥을 걷어 내고 새로운 나무를 심었습니다.

풀씨가 날아와 꽃을 피우기도 했습니다.

이듬해 봄에도, 그 이듬해 봄에도 그런 일들이 되풀이되었습니다.

나무들은 쑥쑥 자라, 여름이면 시원한 그늘을 드리우고, 가을이면 고운 빛으로 도시를 물들였습니다.

도시 한복판에 사람들이 머물다 갈 수 있는 작은 쉼터가 생겨난 것입니다. 그리고 그 아래에는 풀 냄새 가득한 정원이 있습니다.

저벅, 저벅, 저벅……. 모스 아저씨는 오늘도 승강장 청소를 마치고, 지하 정원으로 익숙한 발걸음을 옮깁니다.

누군가 새로운 나무를 심어 도시 한복판에 작은 ❻ ____________ 이/가 생겼습니다.

글의 뒷부분을 읽고, 물음에 답해 보세요.

1 모스 아저씨가 지하 정원을 만든 뒤에 일어난 일이 아닌 것의 기호를 쓰세요.

㉮ 터널 안에서 풋풋한 냄새가 나기도 했다.
㉯ 모스 아저씨가 유명해져서 일을 그만두었다.
㉰ 누군가 환기구 덮개 위로 자란 나무 옆에 새로운 나무를 심었다.

✎ ____________________

2 모스 아저씨가 심은 나무와 누군가 심은 나무 덕분에 도시 한복판에 무엇이 생겼는지 쓰세요.

✎ ____________________

3 모스 아저씨에 대한 설명으로 알맞은 것을 두 가지 고르세요. (   )

① 식물을 아낀다.
② 가족을 사랑한다.
③ 책임감이 강하다.
④ 자기 일을 부끄러워한다.

4 다음 행동과 관련 있는 말에 ○표 하세요.

누군가 새로운 나무를 심어 도시 한복판에 작은 쉼터가 생겼다.

(1) 우정 (   )   (2) 끈기 (   )   (3) 선행 (   )

이제 생각을 정리하고, 마음껏 펼쳐 볼까요?

읽은 후

생각 정리

1 『지하 정원』에서 일어난 일을 차례대로 정리해서 빈칸에 알맞은 번호를 쓰세요.

1

모스 아저씨는 사람들이 지하철 승강장에서 이상한 냄새가 난다고 말하는 것을 들었다.

지하철역은 환기구 덮개 위로 자란 나무를 보러 온 사람들로 북새통을 이루었지만 금세 사람들의 발길이 뜸해졌다.

모스 아저씨는 환기구 안쪽 하늘이 보이는 곳에 작은 나무와 넝쿨을 심어 아담한 정원을 만들었다.

모스 아저씨는 터널 안에서 고약한 냄새가 나자 터널 안을 청소했다.

나무들이 쑥쑥 자라 도시 한복판에 작은 쉼터가 생겼다.

모스 아저씨가 심은 나무가 자라 환기구 덮개 위로 솟았다.

누군가 환기구 덮개 위로 자란 나무 둘레의 바닥을 걷어 내고 새로운 나무를 심었다.

읽은 후 생각 넓히기

1 『지하 정원』에서 다음과 같은 일이 일어난 까닭은 무엇일지 쓰세요.

모스 아저씨가 잠을 이루지 못한 까닭과 누군가 새로운 나무를 심은 까닭을 짐작해 보세요.

모스 아저씨는 터널 안에서 고약한 냄새가 나자 온몸의 힘이 다 빠져 달아나는 것 같았고, 냄새 생각 때문에 잠을 이룰 수 없었다.

모스 아저씨는 왜 힘이 빠지고 잠도 못 잔 걸까?

어느 봄, 누군가 나무 둘레 딱딱한 바닥을 걷어 내고 새로운 나무를 심었다.

누군가는 왜 새로운 나무를 심었을까?

2 내가 모스 아저씨라면 다음과 같은 상황에서 어떻게 했을지 쓰세요.

나라면 주어진 상황에서 어떤 생각을 하고 어떻게 행동했을지 써 보세요.

터널 안에서 고약한 냄새가 난다는 것을 알았을 때

나라면, ______________________

왜냐하면, ______________________

____

터널 벽에서 땅 위로 통하는 환기구를 발견했을 때

나라면, ______________________

왜냐하면, ______________________

____

방송국 사람들이 취재하러 왔을 때

나라면, ______________________

왜냐하면, ______________________

____

3 모스 아저씨와 누군가의 작은 행동으로 지하철역 터널에서 나무가 자라고 도시 한복판에 작은 쉼터가 생겼어요. 각각에 어울리는 이름을 지어 보세요.

모스 아저씨가 작은 나무를 심었고, 그 나무로 인해 누군가가 새로운 나무를 심어 도시 한복판에 작은 쉼터가 생겼어요. 각각의 의미를 생각해 보고, 어울리는 이름을 지어 보세요.

나무가 자라는 지하철역

도시 한복판에 생긴 작은 쉼터

환기구 덮개 위로 자란 나무

4 보이지 않는 곳에서의 작은 손길이 세상을 아름답게 바꾸기도 해요. 내가 바꾸고 싶은 것을 떠올려 어떻게 바꿀 수 있을지 빈칸에 알맞게 쓰세요.

모스 아저씨와 누군가의 손길로 세상에 작은 변화가 생겼던 것처럼 내가 바꾸고 싶은 것을 떠올려 보세요.

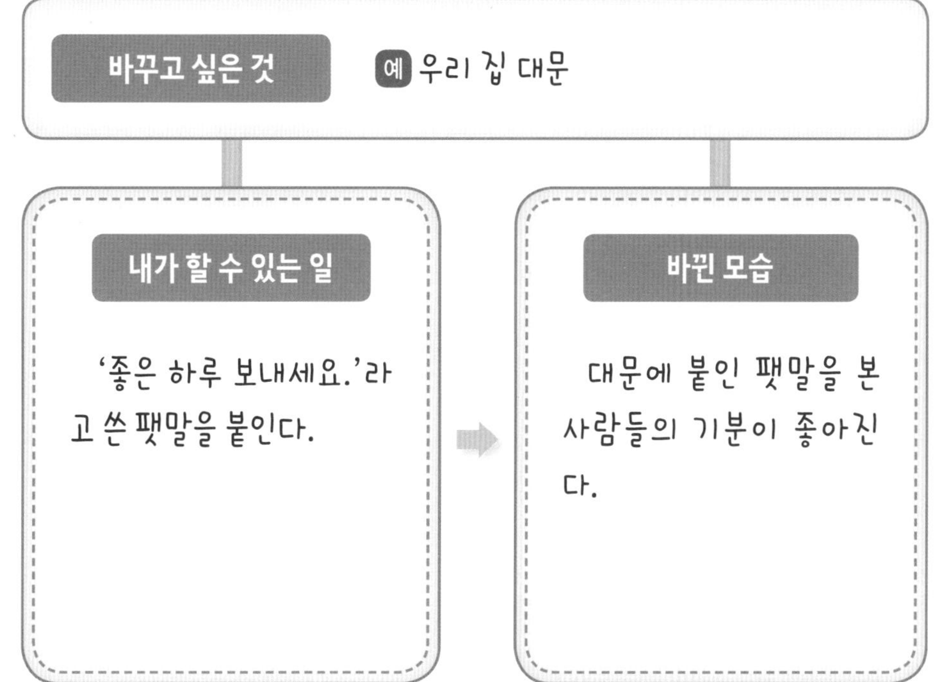

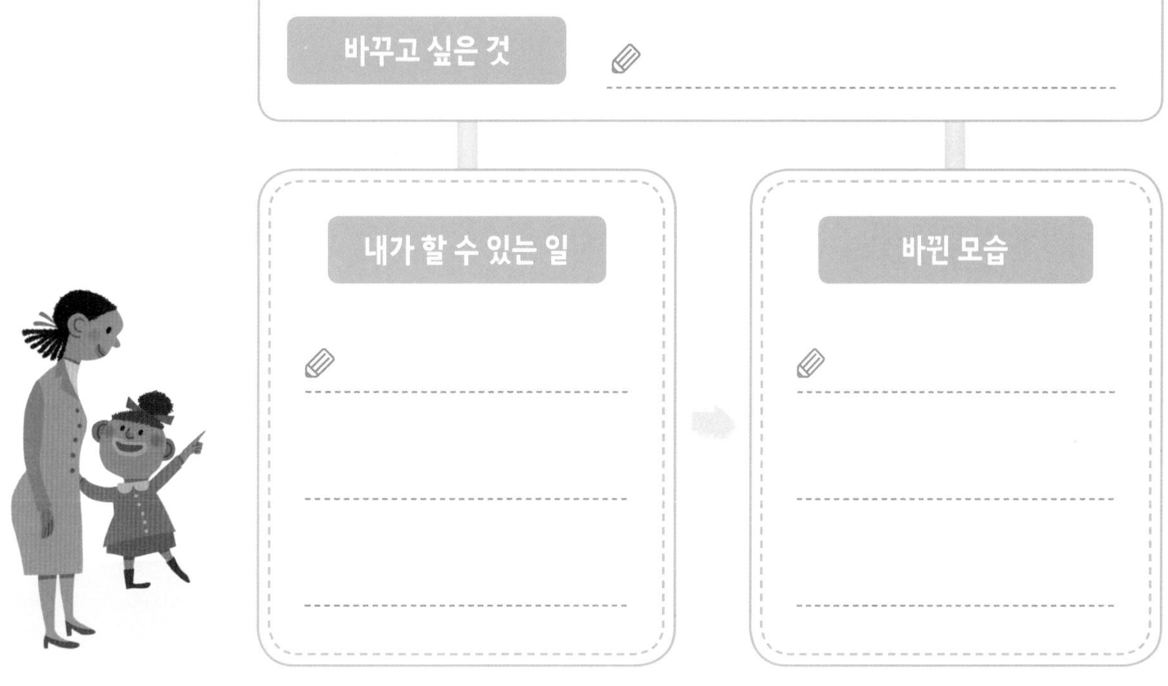

배경지식 탐구

작지만 큰 변화를 만든 아이스 버킷 챌린지

『지하 정원』에 나오는 모스 아저씨의 작은 행동이 누군가의 마음을 움직여 도시 한복판에 작은 쉼터가 생겼어요. 이처럼 우리 사회에도 작은 것에서 시작했지만 큰 변화를 만든 일이 있어요.

바로 '아이스 버킷 챌린지'예요.

아이스 버킷 챌린지는 루게릭병(몸의 근육이 약해지면서 움직이지 못하게 되는 병)에 대한 사람들의 관심을 높이고 루게릭병에 걸린 환자들을 돕기 위해 시작된 기부 운동이에요. 2014년에 한 미국인이 루게릭병에 걸린 친구를 돕기 위해 기획했다고 해요.

아이스 버킷 챌린지에 참여하는 방법

참여를 원하는 사람은 얼음물을 뒤집어쓰고 다음 도전자 세 명을 지목하는 동영상을 촬영해서 누리 소통망(SNS)에 올려요. 지목을 받은 사람은 24시간 안에 얼음물을 뒤집어쓰거나 루게릭병을 돕는 단체에 돈을 기부해야 해요.

지금도 정치인, 연예인, 운동선수 등 유명한 사람들은 물론 일반인들도 이 운동에 참여하고 있어요. 한 사람의 작지만 따뜻한 마음이 다른 사람들에게 전해져 이제는 세계적인 운동이 되었어요.

이런 책도 있어요

모니카 페트, 『행복한 청소부』, 풀빛, 2000
재닛 차터스, 『꽃밭의 장군』, 뜨인돌어린이, 2011
장 지오노, 『나무를 심은 사람』, 두레아이들, 2002

두 눈을 크게 떠요! **집중력 테스트**

★ 크리스마스를 맞아 산타 아저씨가 배달을 가야 하는데 도무지 물건을 찾을 수가 없대요. 산타 아저씨가 잃어버린 6개의 물건을 찾아 ○표 하세요.

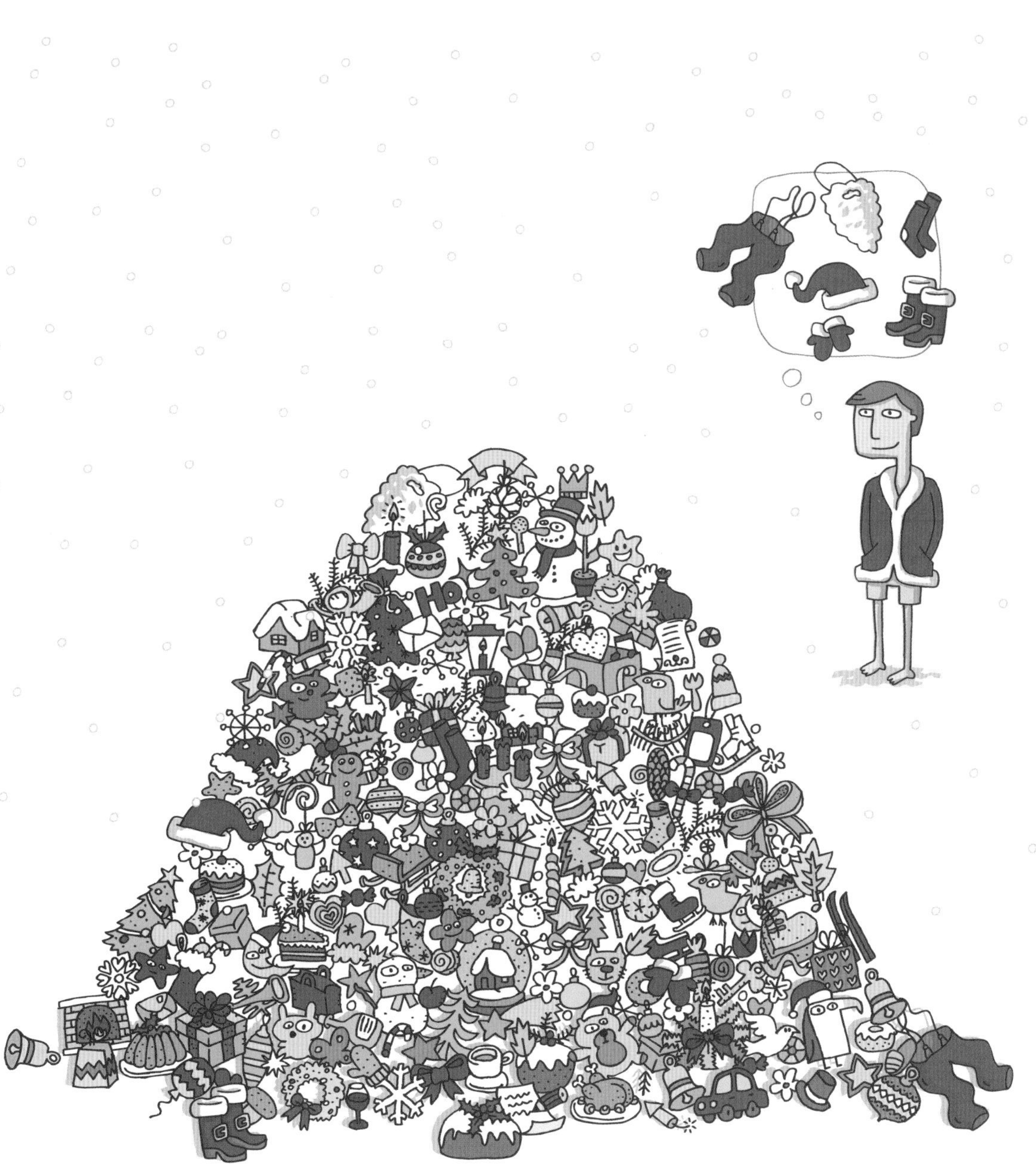

• 정답은 가이드북 13쪽을 확인하세요.

지식 동화 사회, 지리

독서논술계획표

공부한 날짜를 쓰고, 끝마친 단계에는 V표를 하세요.

읽기 전		읽는 중				읽은 후	
월 일		월 일		월 일		월 일	
생각 열기	☐	생각 쌓기 1	☐	생각 쌓기 2	☐	생각 정리	☐
낱말 탐구	☐	내용 확인	☐	내용 확인	☐	생각 넓히기	☐

독서 노트 월 일

내 친구가 사는 곳이 궁금해

김향금

※ 이 글은 김향금 작가님께서 쓰신 『내 친구가 사는 곳이 궁금해』의 일부입니다.

읽기 전

생각 열기

1 내가 살고 있는 곳은 어디에 해당하는지 ○표 하고, 어떤 특징이 있는지 간단히 쓰세요.

•••

우리가 사는 곳은 크게 '도시'와 '촌락'으로 나뉘어요. 촌락은 다시 농촌, 어촌, 산지촌으로 나눌 수 있어요. 나는 어디에 살고 있는지 생각해 보세요.

도시

촌락

촌락은 주로 자연환경을 이용해서 살아가는 지역을 말해.

2 바닷가에 사는 친구가 자신이 사는 곳의 좋은 점과 나쁜 점을 말하고 있어요. 내가 사는 곳의 좋은 점과 나쁜 점을 생각해서 한 가지씩 쓰세요.

내가 사는 곳을 도시와 촌락으로 나누어 넓게 생각해도 좋고, 살고 있는 동네로 좁게 생각해도 좋아요.

읽기 전

낱말 탐구

1 다음 낱말의 뜻을 읽고, 차례가 뒤섞여 있는 낱말을 보기와 같이 바르게 고쳐 쓰세요.

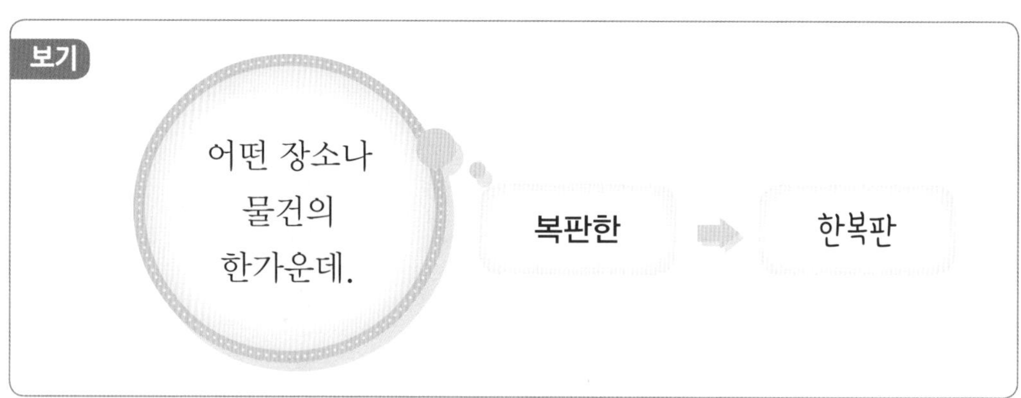

2 다음 뜻에 알맞은 흉내 내는 말이 되도록 빈칸에 공통으로 들어갈 글자를 보기에서 찾아 쓰세요.

보기	어	굽	발	와	긋	망

여러 굽이로 구부러지는 모양.

□이□이

얼굴이나 몸에 물을 끼얹을 때 내는 소리.

□푸□푸

작고 또렷한 것들이 고르지 않게 많이 벌여 있는 모양.

올□졸□

여러 군데가 크게 쑥쑥 불거지거나 툭툭 비어져 있는 모양.

울□쭝□

탄력 있는 물체가 조금 넓고 부드럽게 자꾸 벌어졌다 오므라졌다 하는 모양.

□름□름

사람이나 벌레 따위가 한곳에 많이 모여 잇따라 떠들거나 움직이는 소리. 또는 그 모양.

□글□글

읽는 중

생각 쌓기

새로 알게 된 사실에 밑줄을 그으면서 읽고, 윤이가 사는 대도시와 아름이가 사는 마을을 비교해 보세요.

내 친구가 사는 곳이 궁금해

김향금

윤이가 사는 대도시가 궁금해!

윤이랑 형아는 대도시 탐험에 나섰어.

윤이는 형아 손을 꼬옥 잡고 지하철에서 내렸지.

“형아 손을 놓치면 큰일 난다!”

엄마가 엄포를 놓았거든.

길 건너편에는 우람한 쇼핑몰이 우뚝 서 있었어.

대형 광고판이 알록달록, 깃발은 펄럭펄럭, 전망 엘리베이터는 쉴 새 없이 오르락내리락. 쇼핑몰은 아주 커다랗고 아주 높고 아주 넓었어.

윤이랑 형아는 전망 엘리베이터를 탔어.

꼭대기 층에서는 대도시가 한눈에 들어와!

발밑으로 큰길이랑 기찻길이 나란히 뻗어 있어. 반듯한 큰길 따라 높은 건물들이 늘어서 있어. 큰길을 사이에 두고 운동장이랑 박물관이 있어. 맞은편 건물 옥상에서 두 팔을 흔드는 아이가 개미처럼 작게 보여. 저 멀리로는 굽이굽이 흐르는 강이랑 다리가 보여.

대도시: 지역이 넓고 인구가 많은 도시.

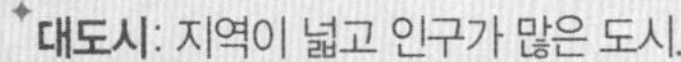

엄포: 실속 없이 괜한 큰소리로 남을 위협함.

윤이랑 형아는 쇼핑몰 위아래를 통통 돌아다녔어.

쇼핑몰에는 없는 게 없어. 층층마다 기차역부터 백화점, 마트, 음식점, 전자상가, 영화관, 서점까지! 마치 도시를 한군데에다 층층이 쌓아 올린 것 같아.

때마침 기차가 도착해서 사람들이 우르르 쏟아져 나왔어. 사람들은 일자리를 찾아, 더 나은 교육을 받기 위해 대도시로 몰려들지만 재미난 구경거리를 찾아오기도 해. 대도시에는 서점, 극장, 박물관, 미술관, 공연장 같은 문화 시설이 많거든.

윤이가 사는 대도시는 언제 어떻게 생겨났을까?

아주 먼 옛날에는 사람들이 강가에 무리 지어 살았어. 나라가 세워지자 도시가 모양새를 차츰 갖추게 되었지. 도시를 차지하기 위해서 나라끼리 전쟁을 벌이기도 했어. 한 나라의 도읍지가 되자 궁궐과 관청, 성곽이 세워지고, 물건을 사고파는 시장이 섰어.

오랜 세월 동안, 도시는 느릿느릿 조금씩 커졌을 뿐이야. 그러다가 수십 년 전에 수많은 공장과 회사가 한꺼번에 세워지면서 사람들이 일자리를 찾아 도시로, 도시로 몰려들었어. 도시는 자꾸 커져서 공룡같이 거대한 대도시가 되었지.

대도시에는 서점, 극장, 박물관 같은 ❶ ______________ 이/가 많다.

윤이가 사는 대도시의 구석구석을 탐험해 볼까?

처음에 관청, 사무실, 은행, 호텔, 백화점, 공연장이 대도시의 한가운데 자리 잡았어. 대도시가 점점 커지고 사람들이 하는 일이 점점 늘어나자, 여기저기에 비슷한 것끼리 모여 있는 거리가 생겨났어.

윤이가 사는 아파트 동네, 윤이네 할아버지가 사는 주택 동네는 주택 거리야. 윤이 아빠가 일하는 사무실 거리, 요런조런 물건을 만드는 공장 거리, 이런저런 물건을 파는 시장 거리, 맛난 음식을 파는 음식점 거리, 대학교가 옹기종기 모여 있는 학교 거리, 공연장 · 미술관 · 전시관 · 예술가의 작업실이 올망졸망 늘어선 문화 거리, 옛 궁궐과 문화재가 모여 있는 역사 거리가 있어.

쇼핑몰에서 대도시 탐험을 마친 뒤, 윤이랑 형아는 집으로 돌아왔어.

"우리 아파트에는 얼마나 많은 사람들이 살까?"

윤이가 고층 아파트를 올려다보며 말했어.

대도시에는 엄청나게 많은 사람들이 와글와글 모여 살아. 그런데도 대도시의 인구수는 갈수록 늘어나고 있지.

인구가 많은 대도시에는 생활에 편리한 시설이 잘 갖추어져 있어.

윤이가 수도꼭지를 돌리면 찬물, 더운물이 나와 얼굴을 어푸어푸 씻어. 형아는 드르륵, 컴퓨터를 켜고 인터넷을 하지. 엄마는 가스 불을 켜고 찌개를 부글부글 끓여. 아빠는 케이블 방송으로 스포츠 경기를 보지.

이런 시설물은 땅속 깊숙이 묻혀 있어.

인구가 많은 대도시에는 사람과 짐을 실어 나르는 교통수단도 발달했어.

"어이쿠, 서둘러요. 회사에 늦겠어요!"

윤이 엄마랑 아빠는 지하철을 타고 회사에 다녀.

대도시는 대개 사는 곳과 일터가 멀리 떨어져 있어. 아침마다 지하철역이랑 버스 정류장 주변은 사람들로 미어터지지. 물건을 사거나 다른 일을 볼 때, 주말에 놀이공원을 갈 때, 자동차나 지하철, 버스를 타고 움직여야 해. 화물차가 물건을 잔뜩 싣고는 대도시 안팎을 바삐 이동해.

대도시에는 생활에 편리한 시설이 잘 갖추어져 있고, ❷ ______________ 이/가 발달했다.

고층 건물이 숲을 이룬 대도시에도 자연이 있어.

윤이가 사는 대도시는 산으로 둘러싸이고 큰 강이 도시의 한복판을 가로지르며 굽이굽이 흐르는 곳이야. 주말이면 사람들은 가까운 산에 올라가고, 강변에서 시원한 바람을 쐬며 자전거를 타지.

주말마다 윤이네 가족은 공원에 놀러 가. 공원에는 새가 지저귀고, 다람쥐가 나무 위아래를 왔다 갔다, 철따라 꽃이 피고 지고, 아름드리 나무와 풀이 자라. 대도시에도 온갖 생물이 살아 숨 쉬고 있어!

때때로 대도시에서 사는 게 힘들 때가 있어.

"교통사고가 나서 길이 아예 주차장 같았다니까."

깜깜한 밤이 되어서야 윤이 아빠가 지쳐서 집에 돌아왔어.

거리를 메운 자동차가 매연을 뿜어 대서 공기가 좋지 않아.

"나이 들면 공기 좋은 마을에서 텃밭을 가꾸며 살 거야."

윤이 엄마랑 아빠는 입버릇처럼 말해.

"에이, 마을이 뭐가 좋아요? 심심해요."

아빠가 윤이 어깨에 팔을 두르며 말했어.

"아름이가 사는 마을에 한번 놀러 가 보렴."

대도시는 교통이 복잡하고 ❸ __________ 이/가 좋지 않다.

글의 앞부분을 읽고, 물음에 답해 보세요.

1 윤이가 사는 곳은 어디인지 쓰세요.

✎ ____________________

2 도시가 자꾸 커져 대도시가 만들어진 까닭으로 알맞은 것의 기호를 쓰세요.

㉮ 도시를 차지하기 위해 나라끼리 전쟁을 벌여서
㉯ 많은 사람들이 일자리를 찾아 도시로 몰려들어서
㉰ 도시의 빈 주택에서 살기 위해 도시로 오는 사람들이 많아져서

✎ ____________________

3 대도시에 대한 설명으로 알맞지 않은 것은 무엇인가요? (　　　　)

① 산이나 공원이 없다.
② 비슷한 것끼리 모여 있는 거리가 있다.
③ 높은 건물이 많고, 고층 아파트가 있다.
④ 생활에 편리한 시설이 잘 갖추어져 있다.

4 대도시에서 살기 힘든 까닭으로 알맞은 것을 두 가지 찾아 ○표 하세요.

교통 체증	공기 오염	인구 부족

이어서 다음 글을 읽어 보세요.

아름이가 사는 ✦마을이 궁금해!

윤이는 동갑내기 사촌 아름이가 사는 마을 탐험에 나섰어. 윤이네 집에 놀러 온 아름이랑 고모를 따라나섰지.

버스에서 내리자 맑은 공기를 마시느라, 윤이 콧구멍이 발름발름!

큰길 맞은편에 아름이가 사는 마을이 있어. 마을은 야트막한 산에 파묻혀 포근해 보였지.

"컹! 컹!"

낯선 윤이를 보자 마을 개들이 짖어 댔어.

"누렁아!"

아름이가 부르자 누렁개가 왈왈, 꼬리를 치며 달려왔어.

윤이는 애기똥풀이 난 마을 ✦안길을 따라 아름이네 집으로 갔어.

✦**마을**: 이 글에 나오는 '마을'은 '촌락'과 같은 뜻으로 쓰인 것임.

✦**안길**: 안쪽으로 난 길. 흔히 동네 안쪽으로 이어져 동네 안의 구역을 연결하는 길을 말함.

윤이는 아름이 따라, 아름이는 누렁이 따라, 마을 뒷산에 올라갔어.

뒷산이 마을을 병풍처럼 감싸 주어, 차가운 겨울바람을 막아 준대.

마을 뒷산에서 내려다보니 집들이 옹긋쫑긋 모여 있어. 큰길에서 마을로 들어오는 마을 안길은 세 갈래로 나뉘어 있어.

마을 앞 공터에 마을 회관이 있지. 여름이면 나무 그늘이 시원한 정자에서 마을 사람들이 땀을 식히곤 해.

마을 앞으로 논두렁이 정리된 논과 비닐하우스가 있어. 저 멀리 둑 너머로 강물이 휘돌아 나가지.

마을은 공기가 맑고, 야트막한 ❹ ______ 에 파묻혀 있다.

'왜 마을에 사람이 보이질 않지?'

윤이가 뒷산에서 내려오며 고개를 갸웃거렸어.

아름이네 집 가까이에 와서야 할머니 몇 분을 만났을 뿐이야. 빈집이 군데군데 눈에 띄었어.

점심을 먹으면서 윤이는 고모부한테 마을 이야기를 들었어.

아름이네 마을은 고모부랑 같은 성씨인 사람들이 대대로 모여 사는 ✦씨족 마을이었어. 그랬는데 젊은이들은 일자리를 찾아 대도시로 떠나고, 학생들은 학교에 다니러 가까운 도시로 가고, 마을에는 할머니 할아버지가 남게 되었지.

아이들의 숫자가 줄어들어서 학교가 문을 닫는 바람에 아름이는 멀리 있는 학교를 다니고 있어.

✦**씨족 마을**: 조상이 같은 사람들이 모여 이루어진 마을.

윤이는 아름이랑 누렁이랑 마을 구석구석 탐험에 나섰어.

아름이가 가리킨 데를 보니 비닐하우스들이 줄지어 있어.

"와, 여름도 아닌데 수박이 벌써 나왔네?"

윤이는 신기했어.

비닐하우스에서 수박, 멜론, 토마토를 키워 도시에 내다 팔아 큰 수입을 올려. 깨끗한 ✦축사에서 소를 키우고, 농사도 기계를 이용해서 짓고 있어.

아름이 아빠처럼 고향으로 돌아오는 사람들이 조금씩 늘어나고 있어. 아름이 아빠랑 이장님이 발 벗고 나서서 마을을 잘 살게 하려고 애쓰고 있어.

마을이 점점 바뀌고 있어!

마을에는 군데군데 빈집이 있고, ❺ ______________ 이/가 줄지어 있다.

✦**축사**: 가축을 기르는 건물.

윤이는 아름이네랑 밤마실을 나갔어.

마을 회관에서는 웃음꽃이 피고 이야기판이 벌어지고 있어.

"우리 마을은 우리가 지켜야 할 고향이야!"

이 마을 사람들은 요런 생각으로 똘똘 뭉쳤어. 마을 일이라면 팔 걷어붙이고 달려들어. 비닐하우스를 만들 때는 품앗이로 서로 일손을 돕지.

중요한 일은 ✦마을 총회를 열어 결정한단다. 같이 일하고 같은 조상님을 기리고 일을 쉬는 겨울철에는 윷놀이를 하며 같이 놀아.

잠들기 전, 윤이는 곰곰이 생각했어.

'내가 사는 도시도 공기 좋고 ✦인심 좋으면 좋겠어!'

마을 사람들은 서로 도우며 살고, 중요한 일은 ❻ ________________ 을/를 열어 결정한다.

✦**마을 총회**: 마을 사람들이 모여서 마을의 일에 관하여 의논함. 또는 그런 모임.

✦**인심**: 남의 딱한 처지를 헤아려 알아주고 도와주는 마음.

글의 뒷부분을 읽고, 물음에 답해 보세요.

1 아름이가 사는 곳은 어디인지 쓰세요.

✎ ____________________

2 마을에 대한 설명으로 알맞지 않은 것은 무엇인가요? (　　　　)

① 공기가 맑고, 자연에 둘러싸여 있다.
② 논과 비닐하우스를 볼 수 있고, 기계로 농사를 짓는다.
③ 마을 사람들이 품앗이로 서로 일손을 도우며 같이 일한다.
④ 마을을 떠나는 사람들만 계속 있고, 돌아오는 사람은 전혀 없다.

3 마을에 사람이 잘 보이지 않은 까닭을 두 가지 찾아 기호를 쓰세요.

㉮ 젊은이들이 일자리를 찾아 대도시로 떠나서
㉯ 학생들이 학교에 다니러 가까운 도시로 가서
㉰ 할머니와 할아버지들이 살기 편한 대도시로 떠나서

✎ ____________________

4 윤이가 마을의 좋은 점으로 생각한 것을 두 가지 찾아 ○표 하세요.

(1) 공기가 좋다. (　　　　)　　(2) 빈집이 많다. (　　　　)
(3) 인심이 좋다. (　　　　)　　(4) 할 일이 없다. (　　　　)

이제 생각을 정리하고, 마음껏 펼쳐 볼까요?

읽은 후

생각 정리

1 윤이가 사는 대도시의 특징을 정리해 보세요.

2 아름이가 사는 마을의 특징을 정리해 보세요.

읽은 후

생각 넓히기

1 대도시와 마을의 좋은 점과 나쁜 점을 쓰세요.

『내 친구가 사는 곳이 궁금해』에 나오지 않은 내용도 다양하게 생각해 보세요.

대도시의 좋은 점

대도시의 나쁜 점

마을의 좋은 점

마을의 나쁜 점

2 대도시와 마을의 문제점 중에서 한 가지를 정해 어떻게 해결할 수 있을지 쓰세요.

대도시나 마을에서 가장 불편하게 느껴지는 점을 생각해 보세요.

대도시의 문제점은

해결 방법은

마을의 문제점은

해결 방법은

3 윤이는 아름이가 사는 마을에 다녀온 뒤, 아파트 엘리베이터 안에 쪽지를 붙였어요. 내가 윤이라면 어떤 내용을 썼을지 상상해서 쪽지를 완성해 보세요.

이웃과 가깝게 지내고 싶은 마음을 어떤 내용으로 전해야 할지 생각해 보세요.

내가 사는 대도시도 아름이가 사는 마을처럼 인심 좋은 곳이면 좋겠어. 그러려면 이웃과 가깝게 지내야 할 것 같아. 내가 먼저 다가가야겠어.

안녕하세요?

○○○ 드림

4 **아름이네 마을 사람들이 마을 총회를 열었어요. 다음 그림을 보고, 내가 마을 사람이라면 어떤 의견을 말할지 까닭과 함께 쓰세요.**

아름이네 마을에서 농촌 체험 활동을 하면 어떤 점이 좋을지 혹은 어떤 점이 나쁠지 생각해 보세요.

배경지식 탐구

세계의 녹색 도시

자연과 사람이 어울려 사는 아름답고 깨끗한 도시를 '녹색 도시'라고 해요. 녹색 도시는 환경 오염을 줄이기 위해 전차나 모노레일 같은 교통수단을 이용하고, 태양력·풍력 등을 이용해 전기를 만들기도 해요.

독일의 프라이부르크

친환경 에너지 사용, 에너지 절약 등을 실천하고 있는 도시예요. 특히 보봉 마을은 150채의 주택에 태양광 패널을 설치했고, 도시 가운데로 자동차가 들어갈 수 없어 자전거 이용률이 매우 높아요. 또한 도시의 중심이나 옥상에 나무나 화초를 심어 건물 온도를 낮추는 등의 노력으로 깨끗한 도시 환경을 만들어 가고 있어요.

▲ 보봉 마을의 태양광 주택

▲ 쿠리치바의 굴절 버스

브라질의 쿠리치바

교통량 줄이기, 쓰레기 재활용하기, 숲 늘리기 등의 친환경 정책을 실천하고 있는 도시예요. 그래서 유엔 환경 계획으로부터 우수 환경상을 받기도 했어요. 특히 도로 교통 체계가 우수한데, 우리나라의 버스 전용 차선에도 본보기가 되었다고 해요. 두 대 이상을 연결해 한 번에 270명까지 탈 수 있는 굴절 버스로 교통량을 줄여 주어 공기도 맑아졌어요.

이런 책도 있어요

김서정 외, 『나의 사직동』, 보림, 2003
최계선, 『농촌이 변하고 있어요』, 한국슈바이처, 2016
류은, 『회색 도시를 녹색 도시로!』, 한국셰익스피어, 2015

자유롭게 그려 봐요! **창의력 테스트**

[난이도 : 상 중 하]

★ 어젯밤 악몽을 꾸어서 너무 무서웠어요.
기분 좋은 꿈을 꾸게 해 줄 '좋은 꿈 이불'을 만들어 보세요.

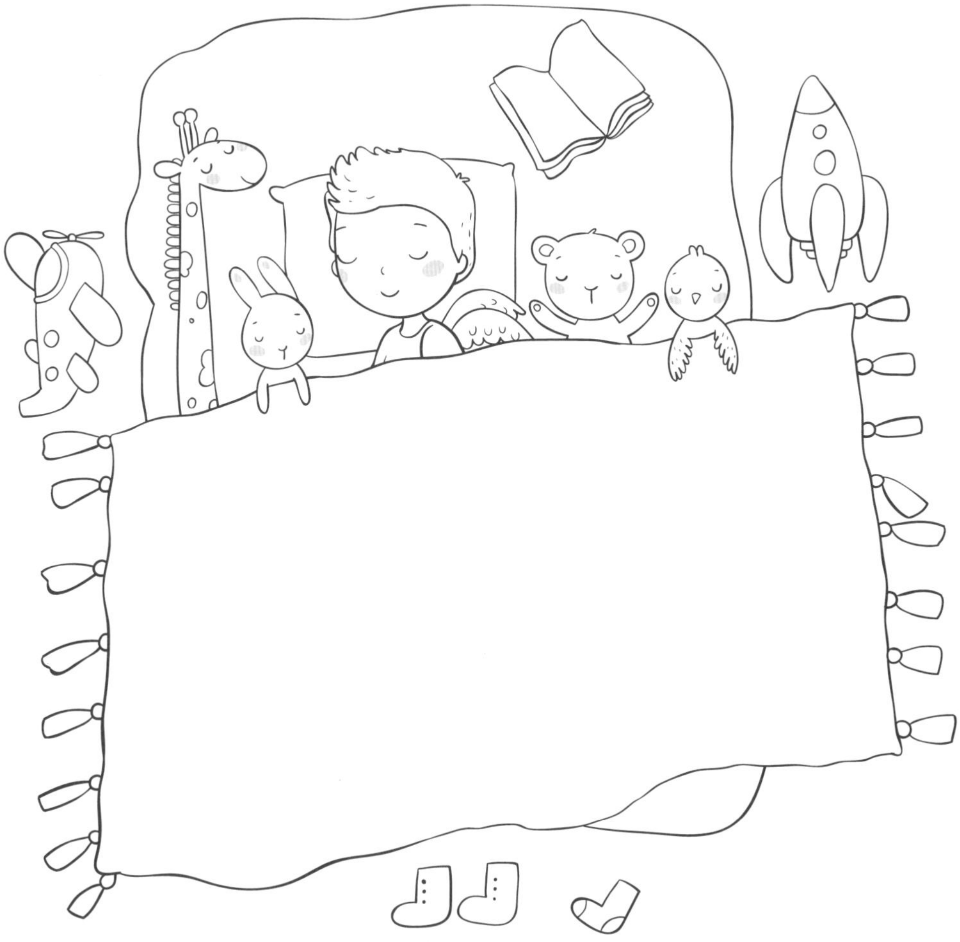

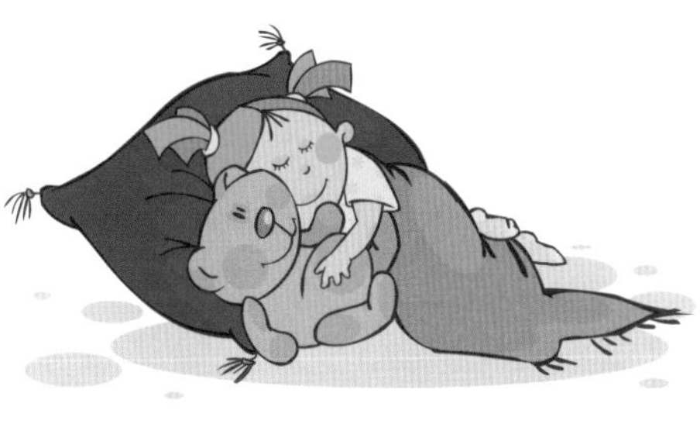

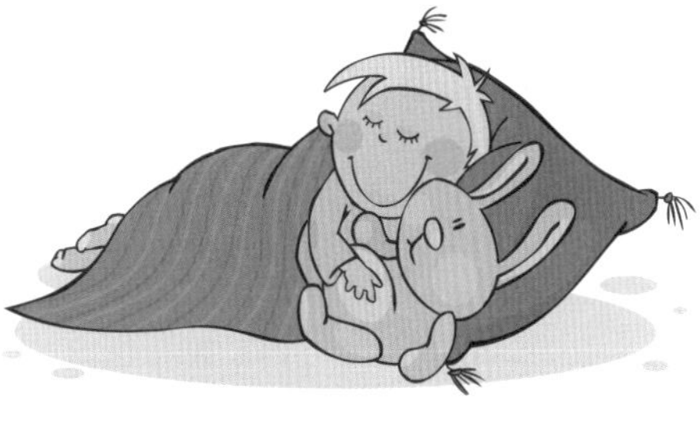

• 정답은 가이드북 13쪽을 확인하세요.

반전 동화 인문, 사회

독서논술계획표

공부한 날짜를 쓰고, 끝마친 단계에는 V표를 하세요.

읽기 전	읽는 중		읽은 후
월 일	월 일	월 일	월 일
생각 열기 ☐	생각 쌓기 1 ☐	생각 쌓기 2 ☐	생각 정리 ☐
낱말 탐구 ☐	내용 확인 ☐	내용 확인 ☐	생각 넓히기 ☐

독서 노트 월 일

팥죽 호랑이와 일곱 녀석

최은옥

※ 이 글은 최은옥 작가님께서 전래 동화 『팥죽 할머니와 호랑이』의 뒷이야기를 상상해서 쓴 것입니다.

읽기 전

생각 열기

1 다음 두 책의 표지를 비교해 보고, 같은 점과 다른 점을 정리해서 쓰세요.

●●●
표지의 제목과 그림에 드러나는 사실뿐만 아니라 그 사실을 통해 짐작되는 내용이 어떻게 같거나 다른지도 비교해 보세요.

▲ 『팥죽 할머니와 호랑이』

▲ 『팥죽 호랑이와 일곱 녀석』

	『팥죽 할머니와 호랑이』	『팥죽 호랑이와 일곱 녀석』
같은 점		
다른 점		

2 다음은 『팥죽 할머니와 호랑이』의 전체 내용을 간추린 것이에요. 뒷이야기를 상상해서 쓰세요.

•••
할머니를 잡아먹으려다 일곱 녀석에게 혼쭐이 나고 강물에 던져진 호랑이는 어떻게 되었을지 자유롭게 상상해 보세요.

① 호랑이가 할머니를 잡아먹으려고 하자, 할머니는 팥이 자랄 때까지 살려 주면 팥죽을 쑤어 주겠다고 했다.

② 할머니가 팥죽을 쑤며 울자 지게, 멍석, 절구, 개똥, 알밤, 자라, 송곳이 팥죽을 주면 구해 주겠다고 했다.

③ 할머니는 호랑이가 나타나자, 부엌에서 불씨를 가져오라고 하며 문을 열어 주지 않았다.

④ 일곱 녀석이 힘을 합쳐 호랑이를 혼내 주고 강물에 던져 버렸다.

읽기 전 ㄱㅎ

낱말 탐구

1 다음 낱말에 어울리는 뜻을 찾아 선으로 이으세요.

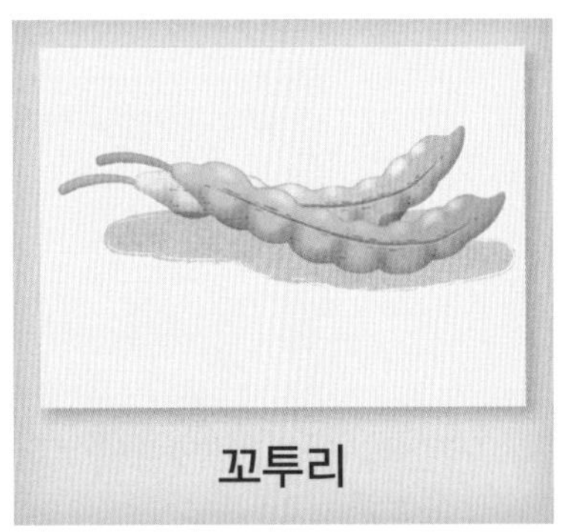
꼬투리

밭고랑

부뚜막

가을걷이

가을에 익은 곡식을 거두어들임.

콩이나 팥 따위의 알맹이를 싸고 있는 껍질.

부엌 아궁이 위에 솥을 얹어 놓는 곳 주변의 판판한 곳.

밭에서 키우는 농작물이 늘어서 있는 줄과 줄 사이의 고랑을 통틀어 이르는 말.

2 다음 빈칸에 알맞은 낱말을 항아리에서 찾아 쓰세요.

소를 (   ) 논을 갈았다.

편찮으신 할머니께 죽을 (   ) 드렸다.

우리 팀의 승리 소식에 모두들 (   )을 질렀다.

형이 시키는 대로 하라고 (   )을 놓았다.

아버지는 나의 실수를 용서하며 (   ) 웃으셨다.

아이는 엄마를 찾으며 (   ) 울었다.

읽는 중 생각 쌓기

자신이 상상한 『팥죽 할머니와 호랑이』의 뒷이야기와 어떻게 다른지 비교하며 읽어 보세요.

팥죽 호랑이와 일곱 녀석

최은옥

옛날 옛날에 팥죽 할머니가 살았어. 아, 너희도 알고 있다고? 그럼 지게, 멍석, 절구와 개똥, 알밤, 자라, 송곳에게 혼쭐이 난 호랑이도 생각나겠네?

호랑이는 짙푸른 강물 속으로 천천히 가라앉았어.

지게와 멍석을 따라온 다른 녀석들은 "와!" 환호성을 질렀단다.

"얘들아! 이제 끝났다. 집으로 가서 할머니한테 팥죽이나 실컷 달라고 하자!"

지게가 앞장서며 큰 소리로 외쳤어.

차가운 강물에 빠진 호랑이는 퍼뜩 정신이 들었어. 눈을 부릅뜨고 팔을 휘젓기 시작했지. 하지만 알밤에게 맞은 눈은 퉁퉁 부어 잘 떠지지 않고, 자라에게 물린 손은 벌겋게 부어올라 헤엄치기 여간 힘든 게 아니었어.

"고얀 놈들, 감히 나를 골탕 먹이다니. 가만두나 봐라! 어흥!"

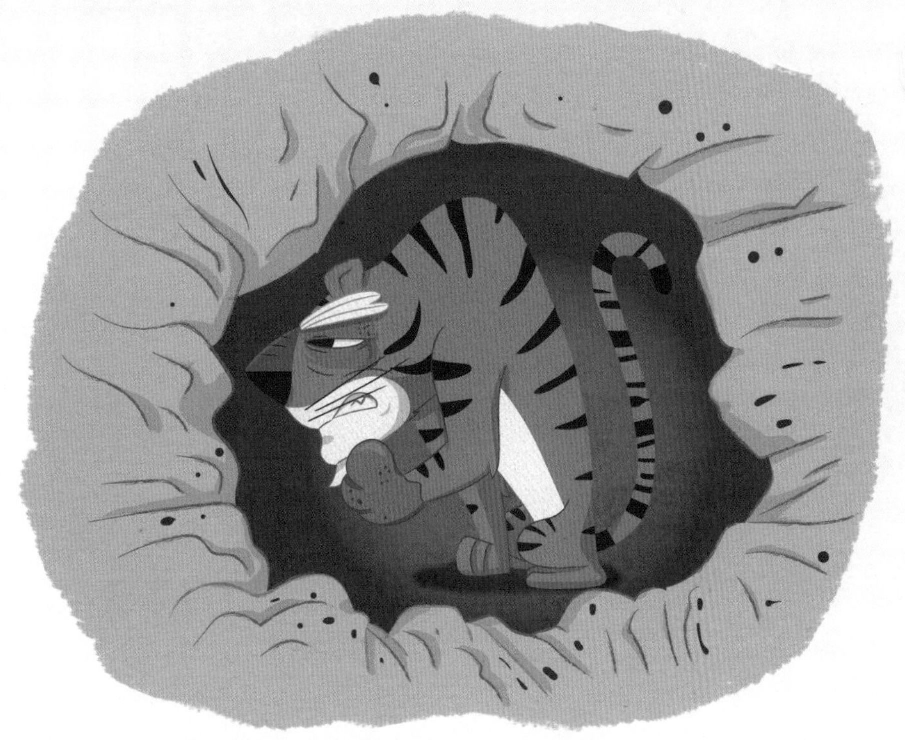

굴로 돌아온 호랑이는 어떻게 하면 복수를 할 수 있을까 곰곰이 생각했어. 힘이 세고 재빠른 걸로 따지면 호랑이를 따라올 자가 없잖아? 하지만 가만 생각해 보니 그쪽은 일곱이나 되거든. 섣불리 나섰다가 또다시 당하고 싶지는 않았지.

며칠을 궁리하던 호랑이는 마침내 신령님을 찾아갔단다.

"신령님! 조무래기✦ 녀석들에게 통쾌하게 복수할 수 있는 방법을 일러 주십시오. 일러만 주신다면 뭐든 하겠습니다."

호랑이는 짐짓 애처로운 눈빛으로 신령님을 바라봤어. 그러자 신령님이 호탕하게 웃으며 팥 한 되를 툭 꺼내 놓는 거야.

"봄이 되면 이걸로 팥 농사를 짓도록 해라. 팥죽 할머니만큼 농사가 잘되거든 그때 다시 찾아오너라."

호랑이는 별 이상한 방법도 있다 생각했어.

한줄 톡! 신령님은 호랑이에게 ❶ ______________ 을/를 지으라고 했다.

✦**조무래기**: 어린아이들을 낮추어 이르는 말.

어느덧 날씨도 따뜻해지고, 나무들도 푸르러졌어.

호랑이는 팥을 가지고 밭으로 갔단다. 한데 밭이라는 게, 온갖 잡풀이 우거진 풀밭이네. 귀찮은 건 딱 질색인 호랑이는 대충 땅을 파고 팥을 묻었어. 땅에 심어 놓기만 하면 팥이 주렁주렁 달릴 거라 생각한 거야.

호랑이는 여름내 거들떠보지도 않다가 가을이 되자 팥을 거두러 갔어. 그런데 길게 자란 풀에 가려 팥이 보이지도 않았지. 풀을 헤치고 보니 드문드문 자란 팥은 꼬투리도 몇 개 안 달리고, 제대로 자란 게 없지 뭐야.

"어이쿠! 큰일 났네. 이래서 언제 복수를 하나."

호랑이는 그제야 후회하며 팥을 하나하나 담았어. 거둬들인 팥은 씨를 뿌릴 때보다도 훨씬 적었지.

겨울이 가고 다시 봄이 왔어.

호랑이는 일찍부터 바빴단다. 땅을 곱게 갈고, 밭고랑도 만들었어. 거름도 주고, 정성 들여 팥을 심었지.

"어휴, 진짜 힘드네. 팥죽 할머니도 이렇게 힘들게 팥을 심었나?"

호랑이는 고개를 갸웃거렸어.

매미가 우는 여름이 되자 팥밭에는 노란 꽃이 가득 피었어.

"정말 예쁘다! 팥죽 할머니네 팥밭에도 꽃이 피었겠지?"

이상하게 팥죽 할머니 생각이 자꾸자꾸 나지 뭐야.

긴 여름이 가고 신선한 바람이 부는 가을이 되었단다.

호랑이는 꼬투리를 주렁주렁 달고 있는 팥이 참 대견스러웠어. 제힘으로 처음 뭔가를 길렀으니 그럴 만도 하겠지? 호랑이는 팥을 거둬 신령님을 찾아갔어.

"신령님, 팥죽 할머니만큼 농사를 잘 지었으니 이제 복수할 방법을 일러 주십시오."

"허허, 녀석 급하기도 하구나. 아직 한 가지가 더 남았느니라."

"예? 뭐가 또 있습니까?"

신령님이 호랑이를 보고 슬며시 웃으며 말했어.

"네가 거둬들인 팥으로 맛있는 팥죽을 쑤어 오너라. 맛이 없으면 몇 번이고 다시 쑤어야 할 것이야."

굴로 돌아온 호랑이는 팥죽을 쑤기 시작했어. 뺏어 먹어 보기만 했지 언제 제 손으로 만들어 봤어야지. 시커멓게 태우고, 솥 바닥에 ✦눌어붙고, 떫고, 달고, 짜고 아주 형편없었지.

"퉤! 퉤! 퉤! 무슨 맛이 이래? 어휴, 팥죽 쑤는 것도 여간 힘든 일이 아니네. 팥죽 할머니도 이렇게 힘들게 팥죽을 만들었을까?"

호랑이는 팥죽 할머니한테 미안한 마음이 들었어.

신령님은 호랑이에게 ❷ ______________ 을/를 쑤어 오라고 했다.

✦**눌어붙고**: 뜨거운 바닥에 조금 타서 붙고.

여러 날을 고생하던 호랑이는 마침내 꽤 맛있는 팥죽을 만들 수 있게 되었지 뭐야.

"으음, 맛있다. 이렇게 맛있는 팥죽을 할머니께도 한 그릇 드리면 좋을……. 어이쿠!"

호랑이는 깜짝 놀라서 제 입을 막았단다. 그러곤 서둘러 팥죽을 가지고 신령님을 찾아갔어.

"참 맛있구나! 그래, 네 힘으로 농사를 짓고 음식을 해 보니 어떠하더냐?"

호랑이는 뒷머리를 긁적거리며 대답했어.

"그, 그게 손쉽게 남의 것만 빼앗아 먹던 것이 부끄러웠습니다."

"그런 마음이라면 되었느니라. 이제 팥죽 할머니 집으로 가 보거라."

"예? 복수할 방법을 일러 주셔야지요?"

"네 마음이 이미 다 알고 있으니 그냥 가면 될 것이다."

호랑이는 신령님 말이 무슨 뜻인지 잘 몰랐지만 마음이 알고 있다니 어쩌겠어? 그런데 호랑이는 달리면서도 헷갈리는 거야. 빨리 복수를 하고 싶은 건지, 빨리 할머니를 뵙고 싶은 건지 말이야.

한줄톡! 신령님은 호랑이에게 ❸ ______________ (으)로 가 보라고 했다.

글의 앞부분을 읽고, 물음에 답해 보세요.

1 호랑이를 혼쭐낸 일곱 녀석을 모두 찾아 ○표 하세요.

지게	멍석	송곳	자루	자라
개똥	맷돌	절구	알밤	감자

2 호랑이가 신령님을 찾아간 까닭은 무엇인지 빈칸에 알맞은 말을 차례대로 쓰세요.

(　　　　)에게 (　　　)할 방법을 물어보려고

3 신령님이 호랑이에게 팥 농사를 짓고 팥죽을 쑤게 한 까닭으로 알맞은 것의 기호를 쓰세요.

㉮ 호랑이를 고생시키려고
㉯ 일곱 녀석에게 복수할 방법을 스스로 찾게 하려고
㉰ 호랑이가 할머니의 입장에서 생각해 볼 수 있게 하려고

✎ ______________

4 호랑이는 팥 농사를 짓고 팥죽을 쑤면서 어떤 마음이 들었는지 알맞은 것을 두 가지 고르세요. (　　　　　)

① 할머니께 미안한 마음
② 할머니가 부러운 마음
③ 남과 어울려 살고 싶은 마음
④ 남의 것만 빼앗아 먹던 것이 부끄러운 마음

이어서 다음 글을 읽어 보세요.

팥죽 할머니 집에 도착한 호랑이는 기절할 것처럼 놀랐어. 글쎄 지게, 멍석, 절구와 개똥, 알밤, 자라, 송곳이 팥죽 할머니를 머슴처럼 부려 먹고 있지 뭐야.

지게가 으름장을 놓는 소리가 방문 밖까지 쩌렁쩌렁 울렸어.

"할멈! 오늘은 팥죽이 왜 이렇게 맛이 없어? 우리가 아니었으면 호랑이한테 잡아먹혔단 걸 벌써 잊었어?"

호랑이는 속이 부글부글 끓었어.

팥죽 할머니는 어깨를 축 늘어뜨리고 부엌으로 들어갔어. 부뚜막에 앉아서 눈물을 뚝뚝 흘렸단다.

"에구, 이러고 살아서 뭐하나. 차라리 그때 호랑이 밥이나 될 것을……."

몰래 지켜보던 호랑이는 어쩔 줄을 몰랐어. 자기가 잡아먹으려고 하지 않았다면 일곱 녀석이 할머니를 돕지도 않았을 테고, 그럼 녀석들이 할머니를 괴롭히지도 않았을 거 아니야.

그날 밤 모두 잠이 들자 호랑이는 바쁘게 움직였단다.

우선, 마당 한가운데 커다란 항아리를 옮겨 놓았어. 그 옆에 깊은 구덩이도 파서 짚으로 살짝 덮어 두었지. 그러고는 긴 밧줄과 자루를 들고 마당 구석 나무 뒤에 숨었어. 호랑이가 숨을 깊이 들이쉬고는 큰 소리로 외쳤어.

"꼬끼오! 꼬끼오!"

잠이 덜 깬 절구가 눈을 비비며 밖으로 나왔지.

"날이 밝지도 않았는데 웬 닭이 이렇게 시끄럽게 우는 거야!"

호랑이는 잽싸게 절구를 자루에 담아 방문 위에 올려놓았어.

절구가 자루 속에서 고래고래 소리를 질러 댔지.

"나 좀 꺼내 줘! 나 좀 꺼내 줘!"

깜짝 놀란 알밤과 지게가 밖으로 나오는데 방문 위의 절구가 뚝 떨어졌어. 알밤은 절구에 맞아 정신을 잃었지.

"어떤 놈이냐?"

옆에 있던 지게가 소리쳤어.

호랑이는 번개처럼 지게를 나무에 꽁꽁 묶었단다.

호랑이는 할머니를 머슴처럼 ❹ ______________ 있는 일곱 녀석을 혼내 주기로 했다.

그때까지도 자고 있던 멍석과 개똥은 어기적거리며 나오다 깊은 구덩이에 푹 빠졌어.

"어이구, 멍석 살려!"

"아이고, 개똥 살려!"

호랑이는 도망치는 자라와 송곳을 잡아다 커다란 항아리에 처넣고 뚜껑을 꼭 닫았지.

"어이구, 자라 살려!"

"아이고, 송곳 살려!"

부엌에서 ✦쪽잠을 자던 팥죽 할머니가 소란스러운 소리에 밖으로 나왔어. 호랑이는 할머니에게 넙죽 절을 올렸단다.

"할머니, 이제부터 제가 잘 모시겠습니다."

할머니 눈이 휘둥그레졌어. 팥죽 할머니는 예전과는 달라진 호랑이 눈빛을 보고 금방 호랑이의 마음을 알아차렸지.

"참으로 고맙구나."

팥죽 할머니가 호랑이 등을 토닥토닥 두드려 주었어.

아 참, 다른 녀석들은 어떻게 됐냐고?

호랑이는 일곱 녀석을 보니 예전의 자기 모습이 떠올랐어.

"너희 잘못은 모두 용서해 주겠다. 나와 함께 땀 흘려 농사짓고 할머니를 잘 모시려면 여기 남고 아니면 떠나도 좋다."

일곱 녀석은 "휴우." 한숨을 내쉬었어. 서둘러 떠나야겠다고 생각했지. 그런데 곰곰이 생각해 보니 갈 곳도 마땅치 않은 거야.

일곱 녀석은 기꺼이 남겠다고 했어.

✦**쪽잠**: 짧은 틈을 타서 불편하게 자는 잠.

뒷산에서 새들이 쫑쫑쫑 울고 노랑나비가 팔랑팔랑 날아다녔어.

호랑이와 일곱 녀석은 팥밭을 일구기 시작했지.

한데 이게 웬일이야! 어찌나 손발이 척척 맞는지 몰라!

열매인 알밤은 좋은 팥 씨앗을 고를 줄 알았고, 뾰족한 송곳은 알맞게 구멍을 내 팥을 심었고, 개똥은 좋은 거름 만드는 법을 훤히 알았지.

물을 좋아하는 자라는 팥밭에 물을 잘 주었고, 멍석은 가을걷이한 팥꼬투리를 햇볕에 잘 말렸어.

절구는 곡식 빻는 재주뿐 아니라 몸을 데굴데굴 굴려 잘 마른 팥꼬투리를 순식간에 털 줄도 알았고, 지게는 많은 팥도 척척 잘 져 날랐단다.

한줄 톡! 호랑이는 할머니를 모시기로 했고, 일곱 녀석의 잘못을 ⑤ ______ 해 주었다.

그럼, 호랑이는 무얼 했냐고?

열심히 농사일도 돕고 신나게 집안일도 도왔지. 하지만 호랑이는 할머니와 정답게 얘기 나누면서 팥죽 쑤는 걸 가장 좋아했어.

하얀 눈이 펑펑 내려 초가지붕 위에 소복하게 쌓였어.

따뜻한 방 안에서 웃음소리가 끊이지 않았지.

팥죽 할머니가 흐뭇하게 말했어.

"호랑아, 팥죽이 아주 맛있구나. 구수하고 달콤한 게 정말 좋네."

"맞아요! 맞아요! 세상에서 제일 맛있어요!"

일곱 녀석도 한목소리로 떠들었지. 호랑이가 환하게 웃었어.

"모두 함께 일하고, 모두 함께 나눠 먹으니 더 맛있는 거 같아요."

호랑이와 할머니, 일곱 녀석은 팥죽을 호호 불어 가며 맛있게 먹었단다.

호랑이와 할머니, ❻ ______________ 은/는 함께 팥 농사를 짓고 팥죽을 쑤어 먹으며 살았다.

글의 뒷부분을 읽고, 물음에 답해 보세요.

1 호랑이가 할머니 집에 도착했을 때 놀란 까닭으로 알맞은 것에 ○표 하세요.

(1) 일곱 녀석이 할머니의 농사일을 돕고 있어서 (　　　)
(2) 일곱 녀석이 할머니를 머슴처럼 부려 먹고 있어서 (　　　)
(3) 할머니가 호랑이가 돌아오기만을 기다리고 있어서 (　　　)

2 호랑이가 지게를 혼내 줄 때 사용한 것을 찾아 ○표 하세요.

자루　　긴 밧줄　　커다란 항아리

3 호랑이가 일곱 녀석을 혼내 준 뒤, 잘못을 용서해 주기로 한 까닭은 무엇인가요? (　　　)

① 농사지을 일손이 부족해서
② 복수를 당할까 봐 겁나서
③ 여럿이 모여 살아야 좋아서
④ 예전의 자기 모습이 떠올라서

4 할머니 집에 남아 농사일을 돕기로 한 일곱 녀석 중, 다음 인물이 맡은 일은 무엇인지 알맞게 기호를 쓰세요.

㉮ 팥 나르기
㉯ 거름 만들기
㉰ 팥밭에 물 주기
㉱ 좋은 팥 씨앗 고르기

(1) 알밤: (　　　)
(2) 개똥: (　　　)
(3) 자라: (　　　)
(4) 지게: (　　　)

이제 생각을 정리하고, 마음껏 펼쳐 볼까요?

읽은 후

생각 정리

1 호랑이에게 일어난 일을 차례대로 살펴보고, 그림과 그림 사이에 들어가야 할 내용을 간단히 정리해서 쓰세요.

⑦
팥죽 할머니
집에 가 보거라.
⑫
⑧
⑪
⑨
⑩
제가 잘
모시겠습니다.

읽은 후 생각 넓히기

1 **내가 이야기 속 인물이라면 다음과 같은 상황에서 어떻게 말할지 쓰세요.**

신령님이나 호랑이와 비슷한 생각으로 말할 수도 있고, 전혀 다른 생각으로 말할 수도 있어요. 각자의 생각이 잘 드러나게 써 보세요.

신령님! 조무래기 녀석들에게 통쾌하게 복수할 수 있는 방법을 일러 주십시오.

봄이 되면 이걸로 팥 농사를 짓도록 해라. 팥죽 할머니만큼 농사가 잘되거든 그때 다시 찾아오너라.

내가 신령님이라면 "______________________________

____

______________________________"(이)라고 말할 거야.

내가 호랑이라면

"______________________________

____

____

______________________________"

(이)라고 말할 거야.

2 같은 일에 대한 서로의 입장은 다를 수 있어요. 다음 일에 대한 생각을 각 인물의 입장에서 쓰세요.

●●●
호랑이가 할머니를 잡아먹으려고 한 까닭과 일곱 녀석이 할머니를 머슴처럼 부린 까닭을 생각해 보세요.

일곱 녀석이 할머니를 잡아먹으려고 하는 호랑이를 혼쭐내서 강물에 던져 버렸다.

호랑이는 착한 할머니를 잡아먹으려고 했어. 그런 호랑이를 혼쭐낸 건 아주 잘한 일이야.

일곱 녀석의 입장

호랑이의 입장

일곱 녀석이 호랑이한테 잡아먹힐 뻔한 할머니를 구해 주었지만, 할머니를 머슴처럼 부려 먹었다.

구해 준 건 고맙지만 머슴처럼 부려 먹는 건 너무해.

할머니의 입장

일곱 녀석의 입장

3 호랑이처럼 다른 사람의 마음을 나중에서야 이해하게 된 적이 있나요? 내 경험을 떠올려 빈칸에 알맞은 내용을 쓰세요.

호랑이는 팥 농사를 짓고 팥죽을 쑤면서 할머니를 이해하게 됐어요. 이처럼 누군가의 마음을 뒤늦게 이해하게 됐던 경험을 떠올려 보세요.

어떤 일이 있었고, 그때 어떤 생각을 했나요?

나는 할머니를 잡아먹으려고 했지. 그때는 남의 것을 빼앗아 먹는 것을 당연하게만 생각했어.

그 생각이 어떻게 바뀌었나요? 왜 그렇게 바뀌게 되었나요?

신령님 덕분에 팥 농사를 짓고 팥죽을 쑤면서 할머니가 얼마나 힘들었을지 깨달았어. 그리고 손쉽게 남의 것만 빼앗아 먹던 것이 부끄러웠어.

4 『팥죽 호랑이와 일곱 녀석』처럼 뒷이야기를 상상해 보고 싶은 이야기가 있나요? 제목과 그 까닭을 쓰고, 상상한 내용을 써 보세요.

내가 평소 읽었던 이야기 중에서 뒷이야기가 궁금하거나 또 다른 내용으로 끝을 맺고 싶은 이야기를 떠올려 보세요.

뒷이야기를 상상할 때에는 앞부분의 내용과 자연스럽게 이어지도록 해야 해.

배경지식 탐구

또 다른 재미를 주는 패러디

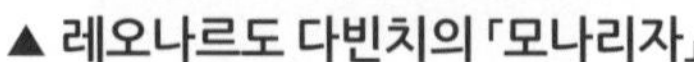
▲ 레오나르도 다빈치의 「모나리자」

▲ 「모나리자」를 패러디한 그림

레오나르도 다빈치의 「모나리자」는 세계적으로 유명한 그림으로, 많은 사람들의 사랑을 받고 있어요. 그런데 오른쪽 그림처럼 모나리자의 얼굴에 콧수염을 달면 어떨까요? 조금 우스꽝스러워 보이나요?

실제로 마르셀 뒤샹이라는 프랑스 화가는 콧수염을 단 모나리자를 그렸어요. 콧수염을 단 모나리자는 「모나리자」를 패러디한 작품이에요.

'패러디(parody)'란 잘 알려진 것을 작가가 새로운 시각으로 ✦모방하는 것을 말해요. 미술뿐만 아니라 문학에서도 패러디를 많이 해요. 원래 작품에서 필요한 부분을 따온 뒤 새롭게 표현하여 새로운 의미를 만들어 내는 거지요.

그런데 단순히 본뜨고 베끼는 것은 패러디가 아니에요. 다른 사람의 작품을 몰래 따다 쓰는 '표절'과는 엄연히 다르다는 것을 알아야 해요.

✦**모방**: 다른 것을 본뜨거나 본받음.

이런 책도 있어요

유설화, 『슈퍼 거북』, 책읽는곰, 2018
김평, 『안녕? 한다는 게 그만 어흥!』, 키즈엠, 2012
존 셰스카, 『늑대가 들려주는 아기돼지 삼형제 이야기』, 보림, 1996

두 눈을 크게 떠요! 집중력 테스트

[난이도 : 상 중 하]

★ 여러 가지 모양의 과자로 집을 만들어 보려고 해요.
서로 같은 모양을 가진 과자가 각각 몇 개씩 있는지 세어 보세요.

• 정답은 가이드북 13쪽을 확인하세요.

4주

지식 동화 과학, 환경

독서논술계획표

공부한 날짜를 쓰고, 끝마친 단계에는 V표를 하세요.

읽기 전		읽는 중				읽은 후	
월	일	월	일	월	일	월	일
생각 열기	☐	생각 쌓기 1	☐	생각 쌓기 2	☐	생각 정리	☐
낱말 탐구	☐	내용 확인	☐	내용 확인	☐	생각 넓히기	☐

독서 노트 월 일

수다쟁이 피피의 요란한 바다 여행

왕입분

읽기 전

생각 열기

1 **다음은 모두 플라스틱에 해당하는 물건들이에요. 내가 알고 있었던 것에만 ○표 하세요.**

•••

플라스틱인 줄 모르고 사용했던 물건이 있는지 확인해 보세요.

플라스틱이란?

열이나 힘이 가해지면 그 형태가 변하고, 그 열이나 힘이 사라지고 난 뒤에는 변한 형태를 유지하는 재료. 또는 이것을 사용한 제품을 통틀어 이르는 말.

▲ 칫솔 ▲ 블록 장난감 ▲ 비닐봉지

▲ 그물 ▲ 랩 ▲ 주사기

▲ 슬리퍼 ▲ 페트병 ▲ 스티로폼

2 다음 광고를 보고 알 수 있는 내용은 무엇인지 쓰세요.

•••
광고에서 전하려고 하는 내용이 무엇인지 생각해 보세요.

플라스틱이 20세기 인류
최고의 발명품이라고 칭찬받던
시절도 있었는데…….

이대로 괜찮을까요?

읽기 전 낱말 탐구

1 다음에서 설명하는 내용을 잘 읽고, 빈칸에 알맞은 말을 보기 에서 찾아 쓰세요.

보기	하수관	배수구	하수 처리장	미세 플라스틱

2 글자 수와 낱말의 뜻을 살펴보고, 낱말 카드의 글자를 이용해서 빈칸에 알맞은 낱말을 쓰세요.

두 글자

어떤 일이 잘 진행되어 마음을 놓음.

안 전 도

수술이 무사히 끝났다는 말을 듣고, (　　　)의 한숨을 내쉬었다.

세 글자

경망스럽고 야단스러운 말이나 행동.

호 수 들 갑

동생은 주사를 맞자마자 너무 아프다며 (　　　)을/를 떨었다.

네 글자

몸을 아주 조금 움직이는 모양.

옴 짝 꼼 달 싹

자리가 좁아서 (　　　) 못 했다.

읽는 중 생각 쌓기

우리 생활을 편리하게 해 주는 플라스틱이 환경을 얼마나 오염시키고 있는지 생각하며 읽어 보세요.

수다쟁이 피피의 요란한 바다 여행

왕입분

"쾅!"

석이 엄마가 화장실 문을 닫고 나갔어요. 그러자 새로 꺼내 놓은 치약 속에서 작은 플라스틱 알갱이 하나가 소리쳤어요.

"야호! 이제 이 답답한 튜브 속을 벗어날 수 있다!"

석이네 집은 작은 플라스틱 알갱이가 들어 있는 치약을 써요. 치약 하나에 수백만 개의 플라스틱 알갱이들이 들어 있어요. 플라스틱 알갱이들은 이를 더 하얗게 만들어 주는 일을 해요.

"피피야! 너는 뭐가 좋아서 그렇게 호들갑이니?"

투투가 못마땅하다는 듯이 말했어요.

"우리는 곧 바다로 가게 될 거야. 그러니까 신나지!"

이번엔 칫솔 아줌마가 말도 안 된다는 듯한 표정으로 말했어요.

"너희가 바다로 간다고? 쓰고 버려진 물은 하수 처리장에서 깨끗하게 걸러진 다음 바다로 보내져. 그래서 플라스틱은 바다로 못 가!"

"에이, 아줌마도 참! 우리 같은 ✦미세 플라스틱은 너무 작아서 걸러지지 않아요."

피피가 잘난 체하며 말했어요.

"그럼 우리도 바다에 갈 수 있는 거야? 우아!"

샤워용 물비누, 면도용 거품 비누, 세안용 ✦스크럽에 들어 있던 플라스틱 알갱이들이 환호성을 질렀어요.

"그게 뭐 대단한 거라고."

플라스틱 알갱이들 중에선 투투만 입을 삐죽거릴 뿐이었지요.

"정말 좋겠다. 나도 바다에 가고 싶은데……."

칫솔 아줌마가 부러운 듯 말했어요.

"너무 실망하지 마세요. 해마다 바다에 버려지는 플라스틱 쓰레기가 자그마치 800만 톤이나 된대요. 그러니까 아줌마도 가실 수 있을 거예요."

피피가 아줌마를 위로했어요.

피피와 투투는 ❶ ______________ 입니다.

✦**미세**: 눈에 보이지 않을 정도로 아주 작음.

✦**스크럽**: 피부에 하얗게 일어난 죽은 세포를 제거하기 위해 사용하는 크림.

그때, 석이가 들어와 칫솔에 치약을 짰어요. 피피는 물론 투투까지 칫솔 아줌마 위에 사뿐히 내려앉았어요.

석이가 몇 번 칫솔질을 하고 뱉자, 피피와 친구들은 배수구로 빨려 들어갔어요.

배수구를 타고 뱅글뱅글 돌아 떨어진 곳은 하수관이었어요.

하수관을 흘러가는 동안에도 피피는 쉬지 않고 떠들어 댔어요.

"너희들 아니? 바다에는 플라스틱만 사는 섬이 있대. 난 꼭 그 섬에 가고 싶어. 그곳은 정말 플라스틱들의 천국일 거야."

"조용히 좀 해! 고약한 냄새도 참기 힘든데, 네 목소리까지 참아야겠니?"

결국 투투가 불같이 화를 냈어요.

피피가 조용해진 사이 피피와 친구들은 하수 처리장에 도착했어요.

하수 처리장은 ✦이물질을 거르기 위해 오랫동안 가만히 있는 방, 공기와 섞이는 방, 뱅글뱅글 도는 방 등 여러 개의 방으로 이루어져 있었어요.

각 방을 지날 때마다 물은 점점 더 깨끗해졌어요.

그러더니 어느 순간, 폭포수처럼 콸콸콸콸. 하수 처리장 밖 개천으로 마구 쏟아지기 시작했어요.

✦**이물질**: 정상적이 아닌 다른 물질.

"와, 바다다!"

개천을 따라 앞서가던 친구들이 소리를 질렀어요.

피피의 가슴도 두근거리기 시작했어요. 바다는 상상 그 이상이었어요. 물위는 물론이고 물속까지 플라스틱들이 널려 있었거든요.

피피처럼 작은 미세 플라스틱부터 비닐봉지, 장난감, 음료수병, 샴푸 통, 비누통, 선박 부품같이 큰 플라스틱까지. 게다가 가끔은 커다란 그물까지 눈에 띄었어요.

"어……. 2050년에는 바다에 물고기보다 플라스틱이 더 많을 거라고 하더니……. 친구들이 이렇게까지 많을 줄이야……."

피피가 놀란 듯한 표정으로 말했어요.

"그건 여기가 전 세계에서 미세 플라스틱이 가장 많은 곳 중 하나라 그래."

초록색 플라스틱 알갱이 하나가 말참견을 했어요. 처음 보는 친구였어요.

한줄 톡! 피피와 친구들은 하수 처리장과 개천을 거쳐 ❷ ________ (으)로 갔습니다.

"여기가? 여기가 어딘데?"

"여기는 대한민국의 서해 앞바다야. 대한민국은 일본, 브라질, 포르투갈, 미국 등에 비해 바다에 미세 플라스틱이 많은 편이래."

"난 치약 속에 있다가 바다로 흘러 들어온 피피라고 해. 넌 어디서 왔니?"

"나는 페인트 속에 있다가 왔어. 알록달록한 재네들은 옷을 빨 때 나왔고, 저 시커먼 애들은 자동차 타이어에서 나왔어."

피피가 주변을 둘러보니 여러 색의 미세 플라스틱들이 여기저기 있었어요.

"그럼 너도 하수 처리장에 가 봤겠네."

"아니. 페인트나 타이어에서 나온 미세 플라스틱들은 대부분 비나 눈에 의해 냇물이나 호수로 갔다가 바다까지 오게 돼."

"오, 그래? 육지에서 만들어진 미세 플라스틱의 절반 가량이 바다로 흘러 들어간다더니, 그 말도 맞았네."

피피가 신기하다는 듯이 말했어요.

대한민국 ❸ ________ 앞바다에는 다양한 플라스틱들이 있었습니다.

글의 앞부분을 읽고, 물음에 답해 보세요.

1 피피와 친구들이 바다로 간 과정에 맞게 차례대로 기호를 쓰세요.

㉮ 개천	㉯ 하수관
㉰ 하수 처리장	㉱ 석이네 집 화장실 배수구

( ) → ( ) → ( ) → ( ) → 바다

2 미세 플라스틱이 하수 처리장에서 걸러지지 않고 바다로 흘러 들어가는 까닭은 무엇인가요? ( )

① 너무 작아서
② 너무 단단해서
③ 너무 무거워서
④ 너무 부드러워서

3 페인트나 타이어에서 나온 미세 플라스틱은 무엇에 의해 육지에서 냇물이나 호수로 갔다가 바다로 가게 되는지 쓰세요.

✎ ______________________

4 다음 설명이 맞으면 ○표, 틀리면 ×표 하세요.

(1) 대한민국의 바다에는 미세 플라스틱이 거의 없다. ( )
(2) 해마다 800만 톤의 플라스틱 쓰레기가 바다에 버려진다. ( )
(3) 육지에서 만들어진 미세 플라스틱의 절반 가량이 바다로 흘러 들어간다. ( )

이어서 다음 글을 읽어 보세요.

그때였어요. 커다란 파도가 밀려와 바닷물을 뒤집어 놓았어요. 그 바람에 피피와 친구들은 뿔뿔이 흩어졌어요.

피피는 더 먼 바다로 밀려갔어요. 그곳에서 음료수 페트병 아저씨를 만났어요.

"아저씨, 제 친구들 못 보셨어요? 오늘 바다에 처음 와서 모든 게 낯설어요."

"처음엔 다 그렇지. 난 바다에 온 지 50년쯤 됐단다. 바다 구석구석 안 가 본 곳이 없어. 사람들이 가장 깨끗하다고 믿는 남극에도 가 봤지."

"그럼 플라스틱 섬에도 가 보셨어요?"

"가 봤다마다. 북태평양은 물론, 남태평양, 북대서양, 남대서양, 인도양까지 플라스틱 섬이란 섬은 다 가 봤단다."

"정말요? 거기에 가려면 어떻게 해야 해요? 전 거기에 꼭 가고 싶거든요."

"어렵지 않아. 그냥 바닷물의 흐름에 몸을 맡기기만 하면 돼. 그러면 너도 이리저리 떠밀려 다니다가 플라스틱 섬으로 가게 될 거야."

피피는 그 말에 고개를 갸우뚱했어요. 플라스틱 섬에 가는 방법이 그렇게 쉽다는 게 믿어지지 않았거든요.

"그런데 넌 왜 거기에 가고 싶니?"

"왜긴요? 플라스틱들의 천국이니까 그렇죠."

"누가 천국이래? 무덤이라면 모를까. 플라스틱들이 어찌나 빽빽하게 뒤엉켜 있는지 보트가 지나가지도 못할 정도야. 옴짝달싹 못 하고 얼마나 답답하다고. 나는 바닷새한테 부탁해서 겨우 거길 벗어나곤 했단다."

"저야 몸집이 작으니까……. 참, 아저씨는 언제까지 바다에 계실 거예요?"

"그야 사람이 건져 내지만 않는다면 몸이 다 부서질 때까지 있고 싶지."

"몸이 부서져요?"

"응. 내 몸은 지금도 햇빛과 파도에 조금씩 분해되고 있어. 그치만 내 몸이 완전히 분해되려면 450년이나 걸려. 아직도 몇 백 년이나 남았지."

"와, 정말 대단하시네요! 그렇게 오래 사시는지 몰랐어요."

"대단하고말고. 비닐봉지는 10~20년, 통조림 깡통이 50년, 알루미늄 캔도 200년밖에 못 살아. 물론 600년이나 사는 낚싯줄도 있지만, 그래도 난 꽤 오래 사는 편이지."

음료수 페트병 아저씨는 플라스틱 섬이 플라스틱들의 ❹ ______________(이)라고 했습니다.

▲ 생활 쓰레기 분해 기간

또 한 번의 커다란 파도가 밀려와 피피는 아저씨와도 헤어졌어요. 좀 더 깊은 바다 속으로 들어온 피피는 아저씨 말대로 바다에 몸을 맡겼어요.

그때 허리가 잘록한 바다거북이 지나갔어요.

"안녕? 멋진 친구! 난 피피라고 해. 우리 친하게 지내자."

"뭐? 내 몸을 조이고 있는 이 비닐 조각을 보고도 그런 말이 나오니?"

"미, 미안……. 나는 사람들처럼 멋을 낸 건 줄 알았어."

"우리 형은 빨대가 코에 박혀서 죽을 뻔했다고. 비닐봉지를 해파리나 오징어인 줄 알고 삼켰다가 ✦식도나 내장이 막힌 친구들은 또 얼마나 많은데……."

"그랬구나. 그렇다면 내가 플라스틱을 대표해서 사과할게."

이번엔 지나가던 고래가 끼어들었어요.

"몸집이 큰 우리들도 그물과 낚싯줄에 목숨을 잃기는 마찬가지라고!"

"맞아. 나도 죽은 고래 배 속에 밧줄, 그물, 비닐봉지, 플라스틱 병들이 가득 들어 있었다는 말을 들은 적이 있어."

바다거북이 고래의 말에 맞장구를 쳤어요.

✦**식도** : 목구멍에서 위까지 이어지는 대롱처럼 생긴 기관. 삼킨 음식물이 지나가는 길임.

"플라스틱을 만든 것도 사람이고, 플라스틱을 쓰고 나서 바다에 버린 것도 사람이잖아. 그럼 정말 사과해야 하는 건 사람 아니야?"

피피가 약간 억울하다는 듯이 말했어요.

"맞아. 사람들도 플라스틱 쓰레기를 줄이려면 일회용품 사용을 줄이고, 분리배출해서 재활용하면 된다는 거 다 알걸. 그런데 실천하지 않는 거지."

바다거북이 얼굴을 찌푸리며 말했어요.

"모두 다 그런 건 아니야. 비닐봉지 사용을 금지하거나 높은 세금을 내야 쓸 수 있게 하는 나라들이 많아졌대. 그리고 환경을 감시하는 배를 띄워서 바다에 쓰레기 버리는 배를 찾는 단체도 있다지 아마. 게다가 미생물이나 햇빛에 썩는 플라스틱을 만들려고 노력 중이래."

피피가 바다거북과 고래의 기분을 살피며 조심스럽게 말했어요.

"휴, 그거 듣던 중 반가운 소리네."

바다거북과 고래는 안도의 한숨을 쉬더니 피피의 곁을 떠나갔어요.

피피는 ❺ ______________ 때문에 다치거나 목숨을 잃는 바다 생물에 대해 들었습니다.

"야, 피피! 너 여기 있었구나. 내가 얼마나 찾았는지 알아?"

돌아보니 투투였어요.

그때 플랑크톤이 다가와 피피와 투투를 꿀꺽 삼켜 버렸어요.

"이 녀석아! 뱉어, 뱉으라고! 우린 네 먹이가 아니야."

피피가 아무리 소리쳐도 소용이 없었어요.

플랑크톤은 한참을 떠돌다가 작은 물고기에게 먹혔어요. 얼마 지나지 않아 그 물고기는 더 큰 물고기에게 먹혔지요.

얼마나 지났을까요? 물고기가 파르르 몸을 떨더니 갑자기 조용해졌어요. 그러다 어부 아저씨들의 말소리가 들렸어요.

며칠 뒤에는 시끌벅적한 시장 상인들의 목소리가 들려왔어요. 그러다 그 물고기가 어느 집으로 팔려 간 모양이에요.

한참을 흔들리다가 쿵 하고 떨어지더니 시원한 물소리가 들렸어요.

"석아! 숙제 다 했어? 엄마가 너 좋아하는 고등어 조림 해 줄게."

"우아, 석이 엄마다!"

피피와 투투는 놀라서 동시에 소리쳤어요.

피피와 투투는 물고기에게 먹혀 ❻ ______________ (으)로 다시 오게 되었습니다.

글의 뒷부분을 읽고, 물음에 답해 보세요.

1 음료수 페트병 아저씨가 설명한 내용으로 알맞은 것에 ○표 하세요.

(1) 플라스틱 섬은 북태평양에만 있다. (　　　　)

(2) 페트병이 분해되는 데에는 10~20년이 걸린다. (　　　　)

(3) 플라스틱은 바다에서 햇빛과 파도에 의해 분해된다. (　　　　)

2 피피가 만난 바다거북이 플라스틱 때문에 입은 피해는 무엇인가요? (　　　　)

① 그물에 걸렸다.　　② 빨대가 코에 박혔다.

③ 비닐 조각이 허리를 조였다.　　④ 비닐봉지를 삼켜서 식도가 막혔다.

3 피피가 바다 생물에게 사과를 해야 하는 것은 사람이라고 말한 까닭은 무엇인지 쓰세요.

• 플라스틱을 [　　　　] 도 사람이고, 쓰고 나서 [　　　　] 도 사람이기 때문이다.

4 사람들이 플라스틱 쓰레기를 줄이기 위해 하고 있는 노력이 아닌 것의 기호를 쓰세요.

㉮ 세금을 많이 내야 비닐봉지를 사용할 수 있게 했다.

㉯ 영원히 썩지 않는 플라스틱을 만들기 위해 노력하고 있다.

㉰ 어떤 단체들은 바다에 쓰레기를 버리는 배를 찾아내고 있다.

이제 생각을 정리하고, 마음껏 펼쳐 볼까요?

읽은 후 생각 정리

1 장소의 변화에 따라 피피에게 일어난 일을 정리해 보세요.

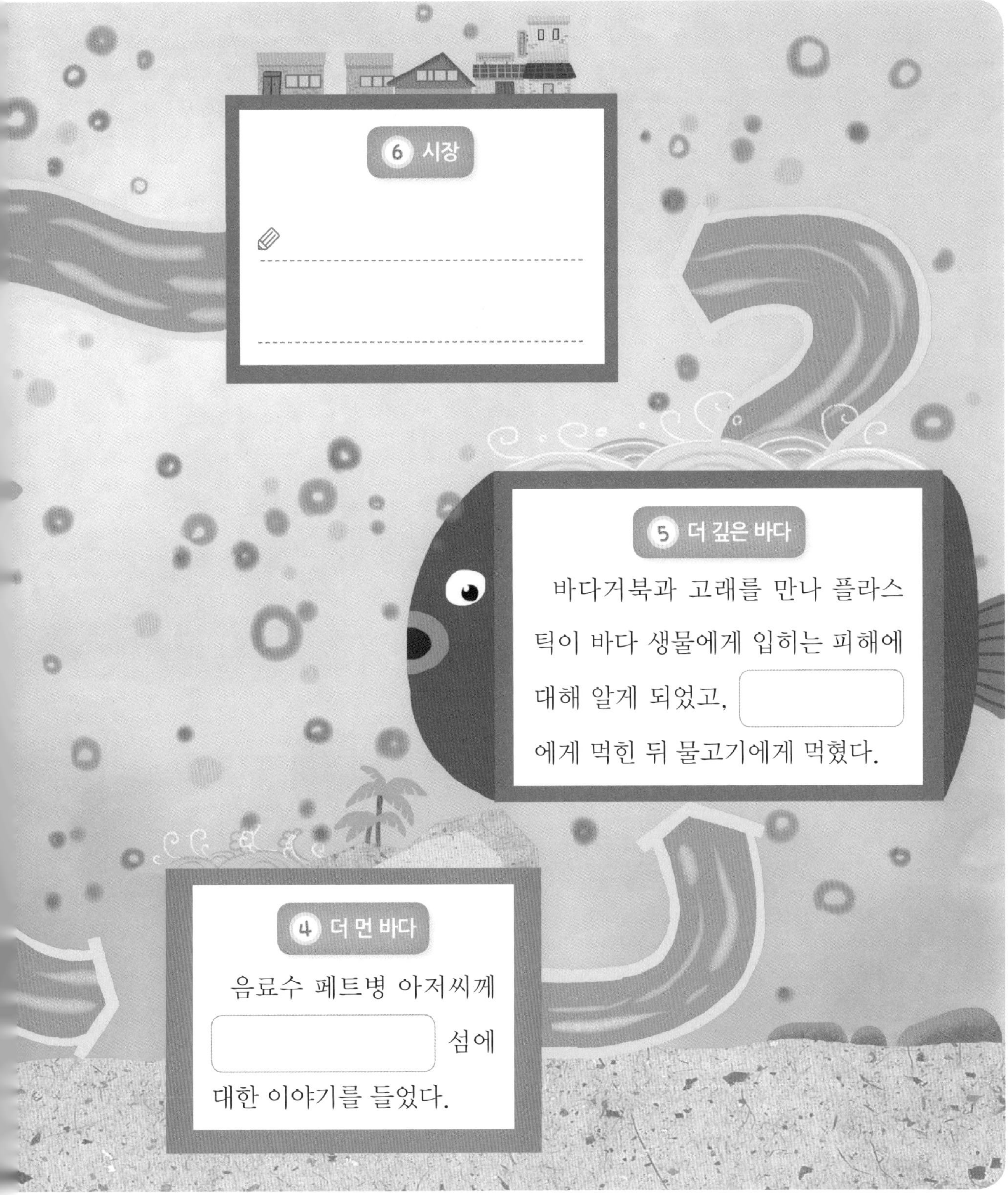

6 시장

5 더 깊은 바다

바다거북과 고래를 만나 플라스틱이 바다 생물에게 입히는 피해에 대해 알게 되었고, ________ 에게 먹힌 뒤 물고기에게 먹혔다.

4 더 먼 바다

음료수 페트병 아저씨께 ________ 섬에 대한 이야기를 들었다.

읽은 후

생각 넓히기

1 **나는 플라스틱 쓰레기를 줄이기 위해서 얼마나 노력하고 있는지 되돌아 보고, 빈칸에 알맞게 ✓표 하세요.**

잘하고 있으면 '상', 보통이면 '중', 잘하지 못하고 있으면 '하'에 ✓표 하세요.

	상	중	하
• 일회용품 사용을 줄이려고 노력해요.			
• 분리배출을 잘하고 있어요.			
• 재활용을 잘하고 있어요.			

2 **일회용품 사용을 줄이려면 어떤 노력을 해야 할지 쓰세요.**

플라스틱을 이용해서 만드는 일회용품에는 어떤 것이 있는지 떠올려 보고, 그 일회용품을 줄이기 위해서 어떻게 해야 할지 생각해 보세요.

3 다음 물건을 집에서 어떻게 재활용할 수 있을지 나만의 방법을 생각해서 쓰세요.

플라스틱이 재활용될 수 있도록 분리배출을 할 수도 있지만, 버리지 않고 집에서 재활용할 수 있으므로 자신만의 방법을 생각해 보세요.

4 **다음은 플라스틱 쓰레기로 오염된 바다의 모습을 보여 주는 사진이에요. 사진에 어울리는 제목을 붙여 보세요.**

사진의 내용이 잘 나타나게 제목을 붙이거나 사진을 보고 생각하거나 느낀 점이 잘 드러나게 제목을 붙여 보세요.

플라스틱 쓰레기로 뒤덮인 바다의 모습이야.

비닐봉지를 해파리로 착각해서 먹고 있는 바다거북의 모습이야.

그물에 휘감긴 바다표범의 모습이야.

5 『수다쟁이 피피의 요란한 바다 여행』을 읽고, 의견이 드러나는 글을 쓰기 위해서 쓸 내용을 정리하려고 해요. 다음 의견에 알맞은 까닭을 두 가지 쓰세요.

플라스틱 쓰레기를 줄여야 하는 까닭을 생각해 보세요.

의견

플라스틱 쓰레기를 줄여야 한다.

까닭

의견이 드러나는 글을 쓸 때 의견을 뒷받침하는 까닭을 써야 읽는 사람들이 의견을 더 잘 이해하고 받아들일 거야.

배경지식 탐구

알아 두면 도움이 되는 분리배출 표시

분리배출을 직접 해 본 적이 있나요? 분리배출 표시와 분리배출 방법을 알아보아요.

표시	종류	배출 방법
종이팩	종이 팩	• 내용물을 비우고 씻은 뒤에 납작하게 눌러서 배출하기
유리	유리병	• 다른 재질로 된 뚜껑이나 상표 등을 제거한 뒤에 내용물을 비우고 씻어서 배출하기
캔류	철 캔, 알루미늄 캔	• 내용물을 비우고 씻은 뒤에 가능한 납작하게 눌러서 배출하기
페트	PET, PVC, PE, PP, PS 등의 용기, 포장재	• 다른 재질로 된 뚜껑이나 상표 등을 제거한 뒤에 내용물을 깨끗이 비우고 배출하기
플라스틱	스티로폼	• 비닐 상표 등을 제거한 뒤에 씻어서 배출하기
비닐류	비닐	• 음식물과 같은 이물질이 묻은 경우 씻어서 배출하기
종이류	신문지, 책, 공책	• 비닐 코팅된 전단지 등은 분리해서 배출하기 • 비닐 코팅된 책 표지, 공책의 스프링 등은 제거해서 배출하기

이런 책도 있어요

장미정 외, 『지구 사용 설명서 2』, 한솔수북, 2014
시르시티 블롬 외, 『바다를 병들게 하는 플라스틱』, 생각하는책상, 2018
이진규, 『어쩌지? 플라스틱은 돌고 돌아서 돌아온대!』, 생각하는아이지, 2016

재미로 보는 심리 테스트

[적중률 : 상 중 하]

★ 흰 종이에 집 한 채를 그려 보세요. 어떤 형태의 집을 그렸나요?

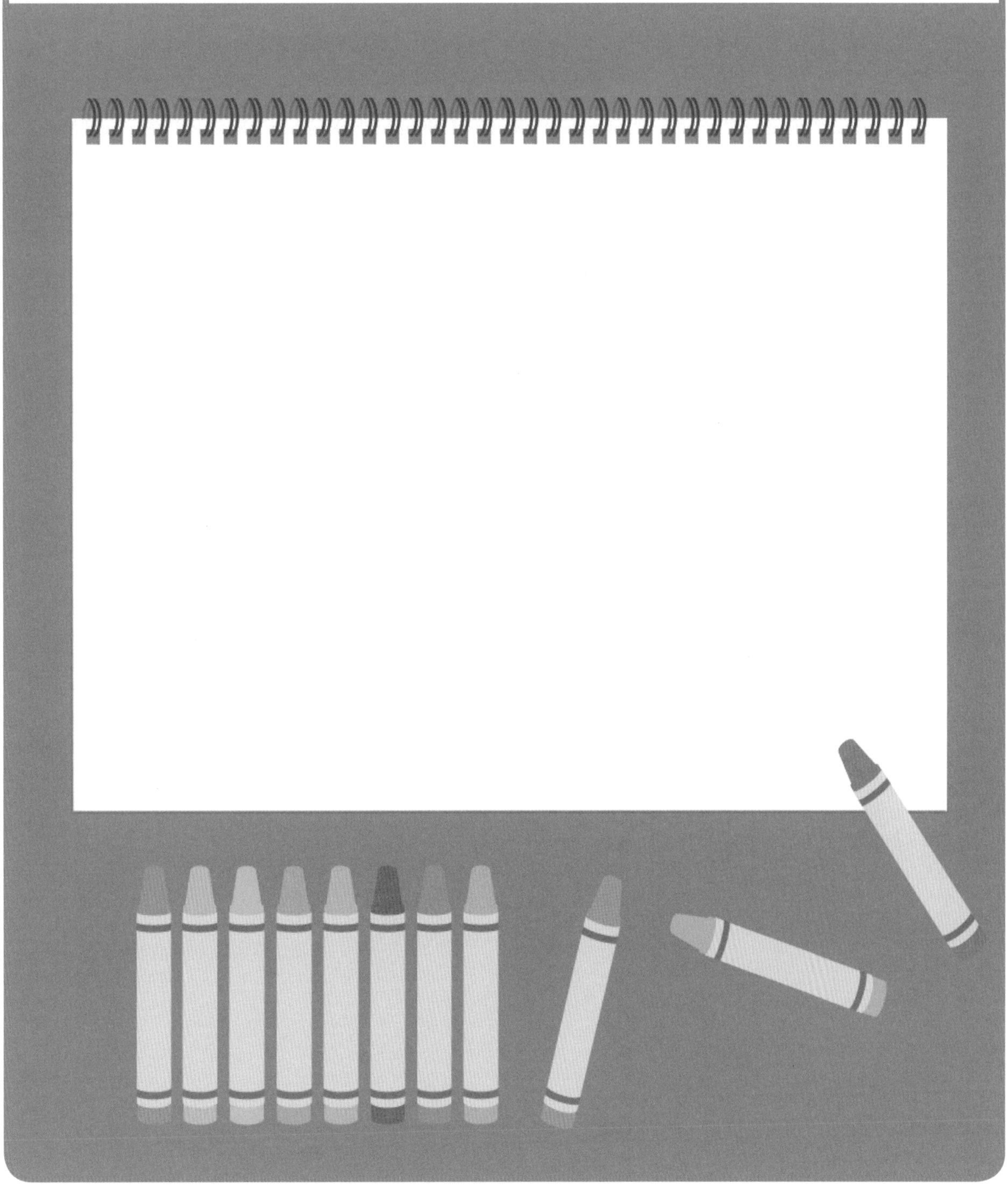

• 결과는 가이드북 13쪽을 확인하세요.

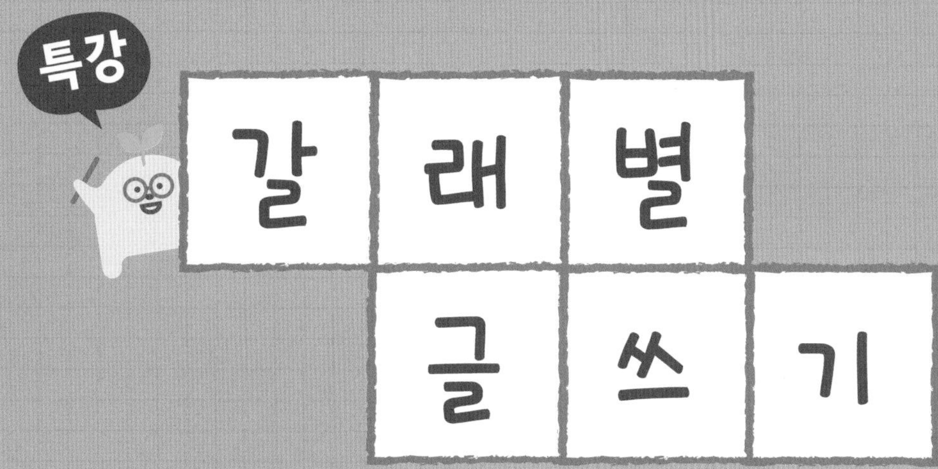

무엇을 쓸까요?

어떻게 쓸까요?

이렇게 써 봐요!

무엇을 쓸까요?

독서 감상문

책을 읽고 떠오르는 생각이나 느낌을 쓴 글입니다.

어떤 내용이 들어가나요?

- 책을 읽은 동기(까닭)
- 책 내용
- 책을 읽고 생각하거나 느낀 점

『홍길동전』을 읽고

학교 도서관에서 『홍길동전』을 읽었다. 가족과 함께 뮤지컬 『홍길동』을 보았는데 무척 재미있었기 때문이다. — 책을 읽은 동기

홍길동은 첩의 자식이기 때문에 아버지를 아버지라 부르지 못하고, 형을 형이라 부르지 못했다. 또 벼슬도 할 수 없었다. 그래서 집을 떠나 도적 떼의 우두머리가 되었고, 못된 관리들이 힘없는 백성들에게 빼앗은 재물을 다시 빼앗아 백성들에게 나누어 주었다. — 책 내용

홍길동은 가난한 백성들에게 나누어 주기 위해서 도둑질을 했지만, 나는 도둑질을 하면 안 된다고 생각한다. 내가 홍길동이라면 도둑질 말고 다른 방법으로 못된 관리들을 혼내 주었을 것이다. — 책을 읽고 생각하거나 느낀 점

독서 감상문은 시, 일기, 편지 등 다양한 형식으로 쓸 수 있어.

어떻게 쓰나요?

- 읽으면서 여러 가지 생각을 했거나 새롭게 안 내용이 많은 책을 골라 독서 감상문을 씁니다.
- 책을 읽은 동기를 쓰고, 인상 깊은 부분을 떠올려 책 내용을 씁니다.
- 책을 읽고 새롭게 알거나 생각한 점, 느낀 점 등을 구체적으로 씁니다.

책을 읽은 동기를 써요.

친구가 생일 선물로 『그리스 로마 신화』를 선물해 주어서 읽게 되었다.

인상 깊은 부분을 떠올려 책 내용을 써요.

흥부는 제비 다리를 고쳐 주어서 복을 받았고, 놀부는 일부러 제비 다리를 부러뜨려서 벌을 받았다.

책을 읽고 생각하거나 느낀 점을 구체적으로 써요.

지금까지 공룡에 대해서 모르고 있었던 사실이 많았던 것 같다. 책에 나오지 않은 내용들도 더 찾아봐야겠다.

주의할 점은 무엇인가요?

- 독서 감상문의 제목은 책 제목이 드러나게 붙이거나, 책을 읽고 생각하거나 느낀 점이 잘 드러나게 붙입니다.
- 책 내용과 생각이나 느낌이 잘 어울리도록 씁니다.

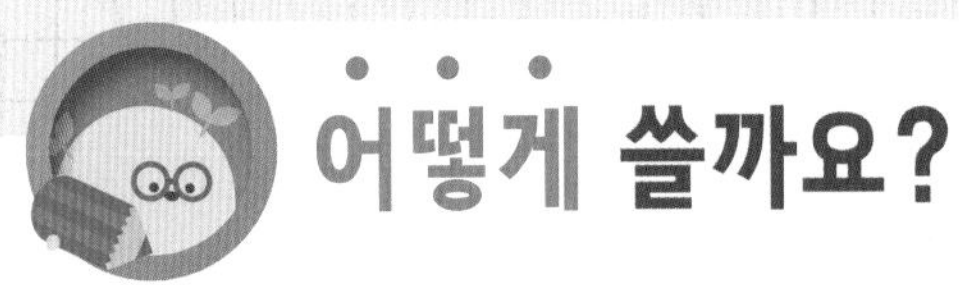

어떻게 쓸까요?

독서 감상문을 쓸 책 정하기

1 독서 감상문을 쓸 책을 알맞게 정한 친구를 두 명 찾아 이름을 쓰세요.

친구에 대해 깊이 생각할 수 있게 해 준 책이라서 골랐어.

이 책은 길이가 짧아서 금방 읽었기 때문에 골랐어.

이 책을 읽고 세시 풍속에 대해 알게 된 점이 많아서 골랐어.

엄마가 선물해 주신 책이라서 골랐어.

( )

독서 감상문에 들어가는 내용 알기

2 독서 감상문에 꼭 들어가야 할 내용이 아닌 것을 찾아 기호를 쓰세요.

㉮ 과학의 달이라서 책을 읽게 되었다.
㉯ 책의 가격은 만 원으로 비싼 편은 아니다.
㉰ 책은 우리나라 사계절의 세시 풍속을 소개했다.
㉱ 책을 읽고 말을 신중하게 해야 한다는 것을 깨달았다.

( )

독서 감상문의 제목 정하기

3 다음 독서 감상문의 제목으로 알맞은 것을 두 가지 찾아 ○표 하세요.

이 책은 임진왜란 당시 나라를 구한 이순신 장군의 이야기를 담고 있다. 이순신 장군은 불리한 상황에서도 이길 수 있다는 자신감을 갖고 작전을 짜서 12척의 배로 100척이 넘는 왜적선과 맞서 싸워 이겼다. 끝까지 포기하지 않는 정신과 용기를 본받아야겠다.

(1) 왜적선 100척 (　　)

(2) 『이순신 위인전』을 읽고 (　　)

(3) 나라를 구한 영웅, 이순신 (　　)

책을 읽은 동기 쓰기

4 독서 감상문을 쓸 때 책을 읽은 동기를 알맞게 쓴 것을 두 가지 찾아 기호를 쓰세요.

㉮ 『초록 고양이』를 읽고 친구에게 추천해 주었다.
㉯ 학교에 다녀와서 『발명 천재 에디슨』을 읽었다.
㉰ 『우주의 비밀』이라는 책 제목에 흥미를 느껴서 읽었다.
㉱ 어린이날에 『마당을 나온 암탉』을 선물받아서 읽게 되었다.

(　　　　　　　　)

책 내용 쓰기

5 다음 독서 감상문에서 책 내용에 해당하는 문장을 두 가지 찾아 밑줄을 그으세요.

엄마께서 생일 선물로 『레 미제라블』을 사 주셔서 읽게 되었다. 주인공 장 발장은 빵 한 조각을 훔친 죄로 19년 동안 감옥에 갇혀 지냈다. 감옥에서 나온 뒤에는 미리엘 신부의 너그러운 마음에 감동하여 사랑을 깨닫게 되고, 이후 정치가가 되어 선행을 베풀며 살아갔다. 나도 미리엘 신부처럼 남을 사랑으로 감싸는 사람이 되고 싶다. 또 장 발장처럼 희생과 봉사를 할 줄 아는 사람이 되고 싶다.

6 다음 독서 감상문의 빈칸에 들어갈 책 내용을 알맞게 쓴 것에 ○표 하세요.

[　　　　　　　　　　]

나도 앞으로 나무꾼처럼 정직한 사람이 되어야겠다고 생각했다.

(1) 나무꾼은 나무 도끼를 잃어버렸다가 산신령 덕분에 찾았다. (　　　)

(2) 나무꾼이 나무 도끼를 잃어버렸는데, 산신령이 나타나 금도끼와 은도끼가 나무꾼의 도끼인지 물었다. 나무꾼은 솔직하게 나무 도끼가 자신의 도끼라고 말해서 금도끼와 은도끼까지 얻었다. (　　　)

책을 읽고 생각하거나 느낀 점 쓰기

7 **다음 책 내용에 대한 생각이나 느낌으로 알맞은 것을 보기 에서 찾아 기호를 쓰세요.**

보기
㉮ 가족의 소중함을 깨달았다.
㉯ 나도 이제부터 용감하게 살아야겠다.
㉰ 친구에게 좋아하는 마음을 꼭 전하고 싶다.
㉱ 다른 사람의 말을 함부로 믿지 말아야 한다.

(1) 짐은 나이가 어리지만 용기와 지혜로 해적을 물리쳤다. (　　　)

(2) 꽃담이는 엄마의 냄새를 기억해 엄마를 찾아낼 수 있었다. (　　　)

8 **독서 감상문을 쓸 때 생각하거나 느낀 점을 가장 알맞게 쓴 것을 찾아 기호를 쓰세요.**

㉮ 책을 읽고 참 슬펐다.
㉯ 앨리스는 카드 여왕 앞에서도 기죽지 않고 당당히 말했다.
㉰ 책을 읽고 산소가 얼마나 소중한지 깨달았다. 그래서 공기가 더러워지지 않도록 노력해야겠다는 생각이 들었다.

(　　　)

이렇게 써 봐요!

•••

독서 감상문을 써서 내용을 남겨 두고 싶은 책을 떠올려 보세요.

1 독서 감상문을 쓰고 싶은 책을 떠올려 제목을 쓰세요.

•••

왜 책을 읽게 되었는지 문장으로 써 보세요.

2 1에서 답한 책을 읽은 동기를 쓰세요.

•••

책의 내용과 생각하거나 느낀 점이 잘 어울리도록 써 보세요.

3 1에서 답한 책의 내용과 책을 읽고 생각하거나 느낀 점을 쓰세요.

책 내용	
책을 읽고 생각하거나 느낀 점	

4 **1**~**3**에서 정리한 내용을 바탕으로 하여 독서 감상문을 쓰세요.

제안하는 글

어떤 문제 상황을 더 좋은 쪽으로 해결하기 위해 의견을 쓴 글입니다.

어떤 내용이 들어가나요?

- 문제 상황
- 제안하는 내용
- 제안하는 까닭

학교 운동장에 쓰레기를 버리지 말자

월요일 3교시 체육 시간에 우리 반은 편을 나누어 축구를 했습니다. 그런데 패스를 하기 위해 달리던 영빈이가 운동장에 버려져 있던 음료수 캔에 미끄러져 크게 다쳤습니다. (문제 상황)

학교 운동장에 쓰레기를 버리지 않았으면 좋겠습니다. (제안하는 내용) 학교 운동장에 쓰레기를 버리면 운동장이 지저분해져서 운동장을 사용하는 사람들이 불쾌감을 느낄 수 있습니다. 또 영빈이처럼 다치는 친구들이 생길 수 있습니다. (제안하는 까닭)

제안하는 글의 제목은 제안하는 내용이 잘 드러나게 붙여.

- 문제 상황이 잘 드러나도록 자세히 씁니다.
- 문제를 해결할 수 있는 제안, 실천할 수 있는 제안을 씁니다.
- 제안에 대한 적절한 까닭을 씁니다.

이렇게 쓰지 말아요!

이렇게 써야 좋아요!

point 1

문제 상황 자세히 쓰기

독서량이 감소하고 있습니다.

우리 반 친구들이 스마트폰에 빠져 책을 많이 읽지 않고 있습니다.

point 2

실천할 수 있는 제안 쓰기

하루에 열 권씩 책을 읽읍시다.

수업 시작 전에 10분 동안 책을 읽는 시간을 가지면 좋겠습니다.

point 3

제안에 대한 적절한 까닭 쓰기

수업 시작 전에 10분 동안 책을 읽으면 재미있을 것 같기 때문입니다.

수업 시작 전에 10분 동안 책을 읽으면 책을 읽는 습관을 가질 수 있기 때문입니다.

- 제안하는 내용을 쓸 때에는 '~합시다.', '~하면 좋겠습니다.', '~하면 어떨까요?' 같은 표현을 사용합니다.
- 제안하는 까닭을 쓸 때에는 '왜냐하면 ~하기 때문입니다.', '만약 ~하면 ~할 수 있습니다.' 같은 표현을 사용합니다.

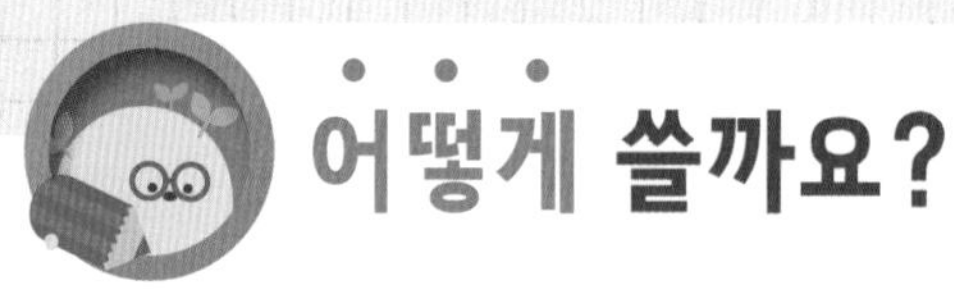

어떻게 쓸까요?

제안할 사람 정하기

1 다음 그림 속 아이는 누구에게 제안하는 글을 써야 할지 쓰세요.

(   )

제안하는 글의 제목 정하기

2 다음 제안하는 글에 알맞은 제목을 찾아 ○표 하세요.

요즈음 컴퓨터나 스마트폰으로 친구와 대화할 때 줄임 말을 사용하는 친구들이 많습니다. 줄임 말 사용은 우리말을 해치는 일이고, 줄임 말을 모르는 상대방에게 사용하면 의사소통이 이루어지지 않습니다. 그러므로 줄임 말을 사용하지 않도록 노력해야 합니다.

(1) 스마트폰 사용을 줄이자 (   )

(2) 줄임 말을 사용하지 말자 (   )

(3) 친구와 대화를 많이 하자 (   )

문제 상황 쓰기

3 **다음 그림 속 예슬이가 제안하는 글을 쓸 때 문제 상황으로 쓸 내용을 찾아 ○표 하세요.**

(1) 점심시간에 음식을 남기는 친구가 많다. (　　　)

(2) 점심때 좋아하는 반찬이 잘 나오지 않는다. (　　　)

(3) 점심시간이 너무 짧아서 밥을 급하게 먹어야 한다. (　　　)

4 **제안하는 글의 문제 상황을 가장 알맞게 쓴 것을 찾아 기호를 쓰세요.**

㉮ 화장실에서 한 줄 서기를 하지 않습니다.

㉯ 문방구에 있는 물건 중에 가격표가 붙어 있지 않은 것이 많습니다. 그래서 가격이 궁금할 때마다 계속 물어봐야 해서 불편합니다.

㉰ 우리 이웃에는 무척 마음씨 좋은 할머니가 살고 계십니다. 그 할머니는 맛있는 음식이 생기면 우리 집에 나누어 주시기도 합니다.

(　　　　　)

제안하는 내용 쓰기

5 다음 그림에 나타난 문제 상황에서 제안하는 내용을 알맞게 말한 친구의 이름을 쓰세요.

(   )

6 다음 문제 상황에 어울리는 제안을 알맞게 쓴 것에 ○표 하세요.

요즘 친구들은 운동할 시간이 부족합니다. 학교가 끝나면 학원에 가거나 집에 가서 해야 할 공부가 많기 때문입니다. 그래서 소아 비만에 걸리는 친구들이 많아지고 있습니다.

(1) 소아 비만에 걸린 친구를 찾아보면 어떨까요? (   )

(2) 수업 시작 전에 10분 동안 운동하는 시간을 가졌다. (   )

(3) 매일 자기 전과 자고 일어난 뒤에 10분씩 스트레칭을 합시다. (   )

제안하는 까닭 쓰기

7 밑줄 친 말이 제안하는 까닭이 되도록 알맞은 표현을 사용하여 고쳐 쓴 것에 ○표 하세요.

어제 실내화를 가지고 오지 않은 친구가 몇 명 있었습니다. 그래서 하루 종일 교실 바닥이 매우 지저분했습니다.

실내화를 꼭 가져와서 교실에서는 실내화를 신읍시다. 교실을 깨끗하게 하고, 청소 당번이 힘들지 않게 합시다.

(1) 교실이 더러웠고, 청소 당번도 힘들었던 적이 있습니다. (　　　)

(2) 교실을 깨끗하게 하고, 청소 당번이 힘들지 않게 해야겠습니다. (　　　)

(3) 그래야 교실이 깨끗하고, 청소 당번이 청소하느라 힘들지 않기 때문입니다. (　　　)

8 다음 빈칸에 들어갈 까닭으로 알맞은 것에 ○표 하세요.

수업 시간에는 스마트폰의 전원을 꺼 놓고 가방에 넣어 둡시다.

(1) 스마트폰이 울리면 수업에 방해되기 때문입니다. (　　　)

(2) 수업 시간에 스마트폰을 켜 두는 친구가 많기 때문입니다. (　　　)

(3) 수업 시간에 스마트폰을 활용하여 검색을 하면 다양한 정보를 얻을 수 있습니다. (　　　)

이렇게 써 봐요!

제안이 필요한 상황을 떠올려 보세요.

1 우리 주변에서 해결되기를 바라는 문제 상황을 한 가지 떠올려 쓰세요.

제안하는 글을 읽을 사람이 누구인지 써 보세요.

2 **1**에서 답한 문제 상황을 해결하기 위해 누구에게 제안하는 글을 쓸 것인지 쓰세요.

문제를 해결하기 위한 자신의 제안과 제안한 내용을 뒷받침할 근거를 정리해 보세요.

3 **1**에서 답한 문제 상황을 해결하기 위해 제안할 내용과 그것을 제안하는 까닭을 쓰세요.

제안할 내용	
제안하는 까닭	

1주 지하 정원

읽기 전 생각 열기

16~17쪽

1 '지하'와 '정원'이라는 말을 들으면 각각 무엇이 떠오르는지 쓰세요.

지하: 예 지하철, 주차장 / 예 터널, 굴 / 예 두더지, 광물 / 예 어둡다, 깜깜하다

정원: 예 꽃, 나무 / 예 햇빛, 물 / 예 벌, 나비 / 예 밝다, 푸르다

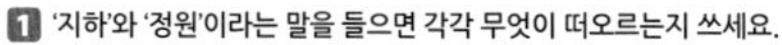

2 '지하 정원'은 무엇을 말하는 것일지 상상해서 쓰세요.

예 지하 주차장에 좋은 향기가 나도록 만들어 놓은 정원일 것이다.

3 우리 주변에서 다른 사람을 위하는 아름다운 행동에는 또 어떤 것들이 있는지 떠올려 쓰세요.

예 작아진 물건 기부하기, 양로원에 가서 공연하기, 산에 가서 쓰레기 줍기, 새집 달아 주기, 몸이 불편한 친구 도와주기

해설

1 지하와 정원에서 각각 볼 수 있는 것들이나 지하와 정원을 생각할 때 떠오르는 낱말을 써 보고, 지하와 정원이 서로 어울리는 느낌인지도 생각해 봅니다.

2 서로 어울릴 것 같지 않은 '지하'와 '정원'이 만나 어떤 의미를 나타내는 것일지 생각해 봅니다.

3 모금 운동, 무료 급식소 등과 같이 여러 사람이 함께 힘을 합쳐 해야 하는 일도 있고, 무거운 짐 나누어 들기, 내 집 앞 눈 쓸기 등과 같이 우리가 혼자 실천할 수 있는 일도 있습니다.

읽기 전 낱말 탐구

18~19쪽

1 다음에서 설명하는 내용을 잘 읽고, 빈칸에 알맞은 낱말을 보기에서 찾아 쓰세요.

보기: 터널 승강장 역무원 환기구

- 환기구 : 탁한 공기를 맑은 공기로 바꾸거나 온도 조절을 하기 위하여 만든 구멍.
- 터널 : 산, 바다, 강 따위의 밑을 뚫어 만든 철도나 도로 따위의 통로.

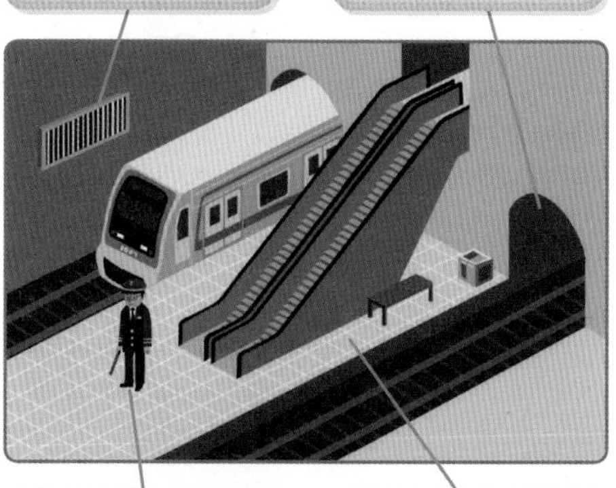

- 역무원 : 철도역에서 안내, 표 판매, 표 확인 따위의 일을 맡아보는 사람.
- 승강장 : 정거장이나 정류소에서 차를 타고 내리는 곳.

2 다음 빈칸에 알맞은 낱말을 보기에서 찾아 쓰세요.

보기: 소문 채비 북새통 고약한 은은한 돋우다 풋풋하다 아담하다

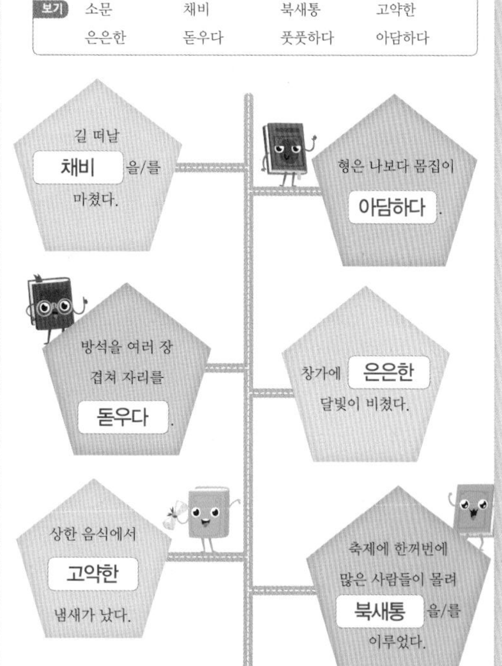

- 길 떠날 채비 을/를 마쳤다.
- 형은 나보다 몸집이 아담하다 .
- 방석을 여러 장 겹쳐 자리를 돋우다 .
- 창가에 은은한 달빛이 비쳤다.
- 상한 음식에서 고약한 냄새가 났다.
- 축제에 한꺼번에 많은 사람들이 몰려 북새통 을/를 이루었다.

낱말 탐구

- **채비:** 어떤 일을 하려고 필요한 것을 미리 갖추어 차리는 것.
- **아담하다:** 적당히 자그마하다.
- **돋우다:** 밑을 괴거나 쌓아 올려 도드라지거나 높아지게 하다.
- **은은하다:** 향기, 빛 같은 것이 연하고 그윽한 느낌이 있다.
- **고약하다:** 맛, 냄새 따위가 비위에 거슬리고 좋지 않다.
- **북새통:** 많은 사람이 야단스럽게 부산을 떨며 법석이는 상황.

읽는 중 생각 쌓기 20~31쪽

한줄 톡! ❶ 지하철역 ❷ 터널 ❸ (작은) 나무

25쪽

내용 확인 **1** (지하철역) 청소부 **2** ③ **3** ㉮
4 찜찜하다. → 후련하다.

1 모스 아저씨는 지하철역에서 청소부로 일합니다.

2 모스 아저씨는 막차를 기다리던 사람들의 말을 듣고, 터널 안에서 고약한 냄새가 난다는 것을 알게 되었습니다. 그래서 터널 안으로 들어가 청소를 했습니다.

3 모스 아저씨는 뒷산에 쓰레기와 함께 버려졌던 작은 나무를 비좁은 화분에 심어 집에 두었다가 다시 터널 안에 옮겨 심었습니다.

4 모스 아저씨는 터널 안에서 고약한 냄새가 난다는 것을 알게 된 날에는 찜찜해서 잠을 이룰 수 없었고, 날마다 조금씩 시간을 내어 청소를 한 뒤에는 후련한 마음이 들었을 것입니다.

한줄 톡! ❹ 풋풋한 ❺ 환기구 ❻ 쉼터

31쪽

내용 확인 **1** ㉯ **2** (작은) 쉼터 **3** ①, ③
4 (3) ○

1 모스 아저씨는 지하 정원을 만든 뒤에도 날마다 조금씩 시간을 내어 터널 안을 청소하며 나무를 돌보았고, 도시 한복판에 작은 쉼터가 생겨난 뒤에도 지하철역에서 청소부로 일하며 매일 지하 정원에 들렀습니다.

3 뒷산에 버려진 나무를 화분에 옮겨 심은 것과 환기구 안쪽 하늘이 보이는 곳에 그 나무를 옮겨 심어 정원을 만든 것으로 보아, 모스 아저씨는 식물을 아끼는 사람입니다. 또 터널 안에서 나는 고약한 냄새를 지나치지 않고 청소한 것으로 보아, 책임감이 강합니다.

4 선행은 착하고 어진 행동을 말합니다. 누군가의 작은 선행으로 도시 한복판에 작은 쉼터가 생긴 것입니다.

읽은 후 생각 정리 32~33쪽

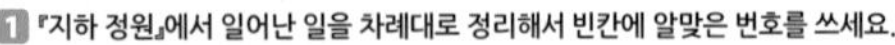
1 『지하 정원』에서 일어난 일을 차례대로 정리해서 빈칸에 알맞은 번호를 쓰세요.

1

모스 아저씨는 사람들이 지하철 승강장에서 이상한 냄새가 난다고 말하는 것을 들었다.

5

지하철역은 환기구 덮개 위로 자란 나무를 보러 온 사람들로 북새통을 이루었지만 금세 사람들의 발길이 뜸해졌다.

3

모스 아저씨는 환기구 안쪽 하늘이 보이는 곳에 작은 나무와 넝쿨을 심어 아담한 정원을 만들었다.

2

모스 아저씨는 터널 안에서 고약한 냄새가 나자 터널 안을 청소했다.

7

나무들이 쑥쑥 자라 도시 한복판에 작은 쉼터가 생겼다.

4

모스 아저씨가 심은 나무가 자라 환기구 덮개 위로 솟았다.

6

누군가 환기구 덮개 위로 자란 나무 둘레의 바닥을 걷어 내고 새로운 나무를 심었다.

1 『지하 정원』에서 다음과 같은 일이 일어난 까닭은 무엇일지 쓰세요.

2 내가 모스 아저씨라면 다음과 같은 상황에서 어떻게 했을지 쓰세요.

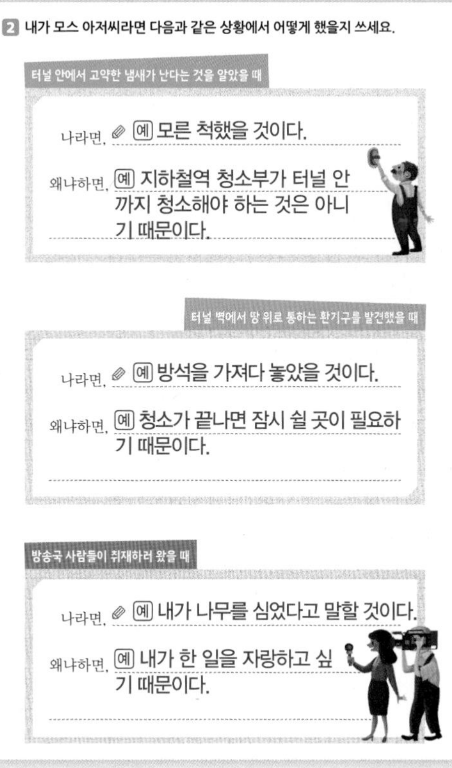

방송국 사람들이 취재하러 왔을 때

나라면, 예 내가 나무를 심었다고 말할 것이다.

왜냐하면, 예 내가 한 일을 자랑하고 싶기 때문이다.

해설

1 모스 아저씨는 자기 일에 대한 책임감이 강하기 때문에 터널 안에서 냄새가 나는 것이 무척 신경 쓰였을 것입니다. 또 누군가 새로운 나무를 심은 것은 모스 아저씨로부터 선한 영향을 받았기 때문일 것입니다.

2 모스 아저씨는 어떻게 했는지, 그렇게 한 까닭은 무엇일지 생각해 보고, 나라면 어떻게 하고 싶은지, 왜 그렇게 하고 싶은지 생각해 봅니다.

3 모스 아저씨와 누군가의 작은 행동으로 지하철역 터널에서 나무가 자라고 도시 한복판에 작은 쉼터가 생겼어요. 각각에 어울리는 이름을 지어 보세요.

나무가 자라는 지하철역: 예 환기구 나무 지하철

도시 한복판에 생긴 작은 쉼터: 예 환기구 나무 쉼터

환기구 덮개 위로 자란 나무: 예 환기구 나무

4 보이지 않는 곳에서의 작은 손길이 세상을 아름답게 바꾸기도 해요. 내가 바꾸고 싶은 것을 떠올려 어떻게 바꿀 수 있을지 빈칸에 알맞게 쓰세요.

바꾸고 싶은 것: 예 우리 집 대문

- 내가 할 수 있는 일: '좋은 하루 보내세요.'라고 쓴 팻말을 붙인다.
- 바뀐 모습: 대문에 붙인 팻말을 본 사람들의 기분이 좋아진다.

바꾸고 싶은 것: 예 우리 반의 빈 게시판

- 내가 할 수 있는 일: 예 반 친구들을 칭찬하는 글을 써서 붙인다.
- 바뀐 모습: 예 친구들의 기분이 좋아지고, 반 분위기도 밝아진다.

3 지하철 환기구 덮개 위로 자란 나무, 그 나무로 인해 생긴 작은 쉼터, 그 쉼터를 가진 지하철역이 지닌 각각의 특징과 특별한 의미를 생각해 보고, 그것에 잘 어울리게 이름을 지어 봅니다.

4 평소에 내가 다른 사람들을 위해 바꾸고 싶었던 것을 생각해 보고, 그것을 어떻게 바꿀 수 있을지, 바꾼 뒤에 어떤 좋은 변화가 있을지 정리해 봅니다.

2주 내 친구가 사는 곳이 궁금해

읽기 전 생각 열기

42~43쪽

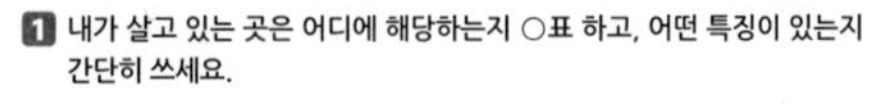

1 내가 살고 있는 곳은 어디에 해당하는지 ○표 하고, 어떤 특징이 있는지 간단히 쓰세요.

예 도시 – 높은 건물이 많고, 많은 사람들이 모여 산다. / 농촌 – 농사짓는 사람들이 많고, 공기가 좋다.

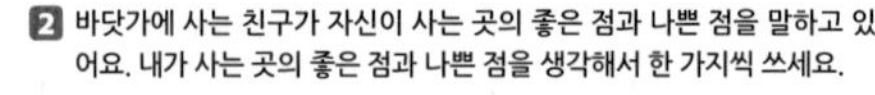

2 바닷가에 사는 친구가 자신이 사는 곳의 좋은 점과 나쁜 점을 말하고 있어요. 내가 사는 곳의 좋은 점과 나쁜 점을 생각해서 한 가지씩 쓰세요.

좋은 점: 예 지하철역이 있어서 어디든 편리하게 빨리 갈 수 있다.

나쁜 점: 예 가까운 곳에 산이 없어서 등산을 하기가 어렵다.

해설

1 촌락 중에서 농촌은 농사짓는 땅을 이용하여, 어촌은 바다를 이용하여, 산지촌은 산을 이용하여 살아가는 곳입니다. 촌락에는 높은 건물이 많지 않으나 도시에는 높은 건물이 많고, 촌락보다 도시에 사람들이 많이 살고 있습니다.

2 내가 사는 곳의 좋은 점은 편리했던 점이나 자랑하고 싶은 점 등을 떠올려 쓰고, 나쁜 점은 불편했던 점이나 고쳐야 할 점 등을 떠올려 씁니다.

읽기 전 낱말 탐구

44~45쪽

1 다음 낱말의 뜻을 읽고, 차례가 뒤섞여 있는 낱말을 보기와 같이 바르게 고쳐 쓰세요.

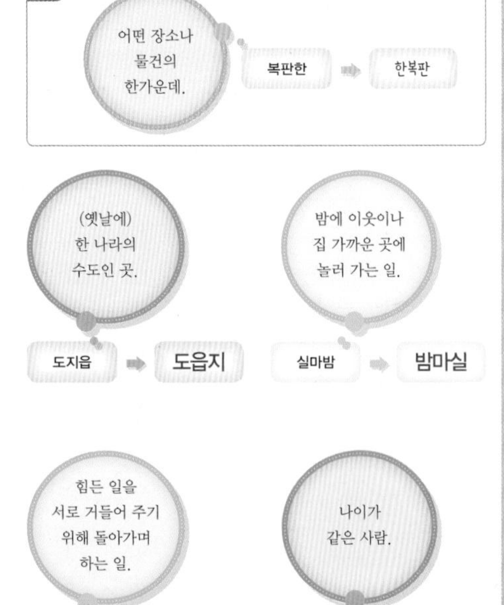

2 다음 뜻에 알맞은 흉내 내는 말이 되도록 빈칸에 공통으로 들어갈 글자를 보기에서 찾아 쓰세요.

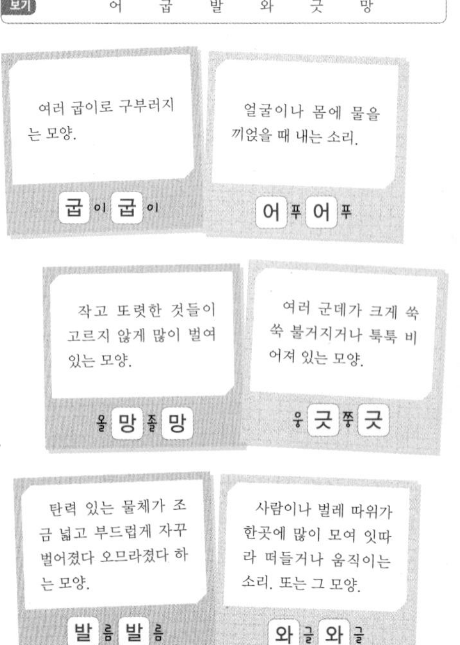

낱말의 쓰임

- 강물이 굽이굽이 흘러간다.
- 어푸어푸 세수를 하다.
- 예쁜 인형들이 올망졸망 진열되어 있다.
- 머리를 웅긋쭝긋 깎아 놓았다.
- 콧구멍을 발름발름 움직인다.
- 아이들이 와글와글 떠드는 소리가 들렸다.

읽는 중 생각 쌓기 46~57쪽

한줄 톡! ❶ 문화 시설 ❷ 교통수단 ❸ 공기

51쪽

내용 확인 1 대도시 2 ㉯ 3 ①
4 교통 체증, 공기 오염

1 윤이가 사는 곳은 대도시로, 윤이는 형아와 함께 대도시 탐험을 했습니다.

2 도시는 오랜 세월 동안 느릿느릿 조금씩 커지다가 수십 년 전에 수많은 공장과 회사가 한꺼번에 세워지면서 사람들이 일자리를 찾아 도시로 몰려들어 자꾸 커지게 되었습니다.

3 고층 건물이 숲을 이루는 대도시에도 산이나 공원이 있어서 주말이면 가까운 산에 올라가고, 공원에 놀러 가기도 합니다.

4 대도시의 인구는 갈수록 늘어나고 있고, 교통의 발달로 교통사고나 교통 체증과 같은 문제가 발생하며, 대기 오염과 같은 문제도 발생합니다.

한줄 톡! ❹ 산 ❺ 비닐하우스 ❻ 마을 총회

57쪽

내용 확인 1 마을 2 ④ 3 ㉮, ㉯
4 (1) ○ (3) ○

1 윤이는 아름이가 사는 마을에 놀러 왔습니다.

2 마을을 떠났다가 다시 돌아오는 사람들이 조금씩 늘어나고 있다고 했습니다.

3 대도시에는 일자리가 많고 교육 시설이 잘 갖추어져 있지만 마을은 그렇지 않기 때문에 젊은이들은 일자리를 찾아, 학생들은 학교에 다니기 위해 마을을 떠나게 되면서 마을에는 할아버지와 할머니만 남게 된 것입니다.

4 윤이는 마을에 가기 전에는 마을이 심심해서 별로라고 생각했지만, 마을에 다녀온 뒤에는 도시도 마을처럼 공기 좋고 인심 좋으면 좋겠다고 생각했습니다.

읽은 후 생각 정리 58~59쪽

1 윤이가 사는 대도시의 특징을 정리해 보세요.

2 아름이가 사는 마을의 특징을 정리해 보세요.

1 대도시와 마을의 좋은 점과 나쁜 점을 쓰세요.

대도시의 좋은 점

예 교통수단이 발달했다. / 생활에 편리한 시설이 잘 갖추어져 있다.

대도시의 나쁜 점

예 인구가 많다. / 교통이 복잡하다. / 공기가 좋지 않다. / 쓰레기가 많이 생긴다.

마을의 좋은 점

예 공기가 맑다. / 인심이 좋다.

마을의 나쁜 점

예 소득이 줄어들고 있다. / 인구가 줄고 있다. / 나이 든 사람이 많다. / 편의 시설이 부족하다.

2 대도시와 마을의 문제점 중에서 한 가지를 정해 어떻게 해결할 수 있을지 쓰세요.

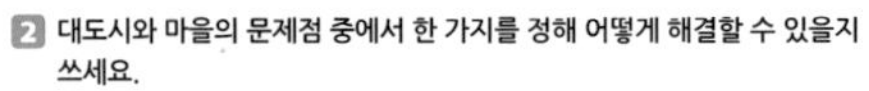

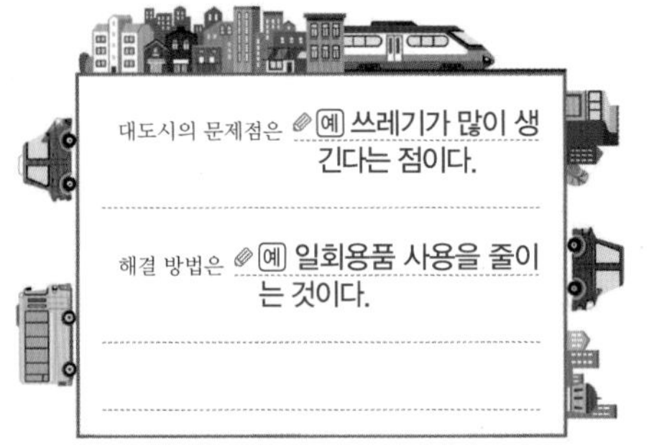

대도시의 문제점은 예 쓰레기가 많이 생긴다는 점이다.

해결 방법은 예 일회용품 사용을 줄이는 것이다.

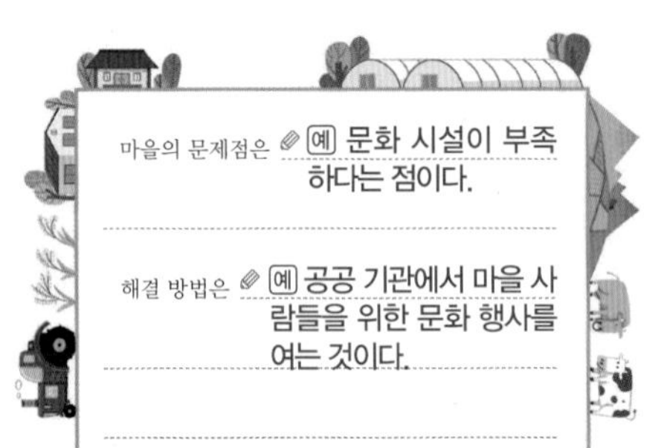

마을의 문제점은 예 문화 시설이 부족하다는 점이다.

해결 방법은 예 공공 기관에서 마을 사람들을 위한 문화 행사를 여는 것이다.

1 대도시는 인구가 많아 사람이 살 집이 부족하고 교통이 복잡하며 환경이 오염되고 있다는 문제점이 있습니다. 마을은 외국에서 값싼 농수산물이 들어오면서 소득이 줄고, 인구가 점점 줄어든다는 문제점이 있습니다. 마을에 인구가 줄어드는 것은 젊은 사람들이 대도시로 일자리를 찾아 나가기 때문입니다. 그래서 마을에는 할머니, 할아버지만 남아 일손도 부족합니다.

2 대도시와 마을의 나쁜 점을 통해 문제점을 파악할 수 있습니다. 해결 방법은 개인이 노력할 점뿐만 아니라 공공 기관에서 노력해야 할 점도 생각해 봅니다.

3 윤이는 아름이가 사는 마을에 다녀온 뒤, 아파트 엘리베이터 안에 쪽지를 붙였어요. 내가 윤이라면 어떤 내용을 썼을지 상상해서 쪽지를 완성해 보세요.

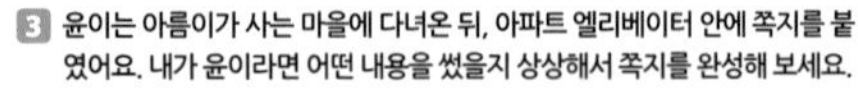

내가 사는 대도시도 아름이가 사는 마을처럼 인심 좋은 곳이면 좋겠어. 그러려면 이웃과 가깝게 지내야 할 것 같아. 내가 먼저 다가가야겠어.

안녕하세요?

예 저는 ○○○호에 사는 ○○○입니다. 같은 아파트에 살고 있지만 서로 잘 모르고 지내는 것 같아서 아쉬워요. 앞으로는 만나면 반갑게 인사를 나누었으면 좋겠어요. 저부터 노력할게요.

○○○ 드림

4 아름이네 마을 사람들이 마을 총회를 열었어요. 다음 그림을 보고, 내가 마을 사람이라면 어떤 의견을 말할지 까닭과 함께 쓰세요.

예 반대합니다. 토마토 밭이 망가질 수도 있기 때문입니다. / 반대합니다. 마을에 사람들이 많이 오면 마을이 너무 복잡해질 것 같기 때문입니다. / 찬성합니다. 돈을 벌 수 있기 때문입니다. / 찬성합니다. 우리 마을의 토마토를 도시에 알릴 수 있기 때문입니다.

3 먼저 쪽지를 쓰는 사람이 누구인지 밝히고, 쪽지를 통해 전하고 싶은 말이 무엇인지 잘 드러나게 써야 합니다. 이웃과 가깝게 지내기 위해서 어떤 일을 할 수 있을지 구체적으로 드러나게 쓰면 더욱 좋습니다.

4 아름이네 마을에서 '토마토 따기' 행사를 하는 것에 대해 찬성이나 반대의 의견을 정한 뒤, 알맞은 까닭을 들어 씁니다.

3주 팥죽 호랑이와 일곱 녀석

읽기 전 생각 열기

68~69쪽

1 다음 두 책의 표지를 비교해 보고, 같은 점과 다른 점을 정리해서 쓰세요.

▲『팥죽 할머니와 호랑이』

▲『팥죽 호랑이와 일곱 녀석』

	『팥죽 할머니와 호랑이』	『팥죽 호랑이와 일곱 녀석』
같은 점	예 제목에 '팥죽'이 나온다. / 그림에 호랑이가 있다.	
다른 점	예 제목에 '팥죽 할머니'가 나온다. / 할머니가 호랑이를 무서워하며 호랑이에게 팥죽을 주고 있다.	예 제목에 '팥죽 호랑이'가 나온다. / 일곱 녀석이 호랑이 콧수염에 매달려 있다.

2 다음은『팥죽 할머니와 호랑이』의 전체 내용을 간추린 것이에요. 뒷이야기를 상상해서 쓰세요.

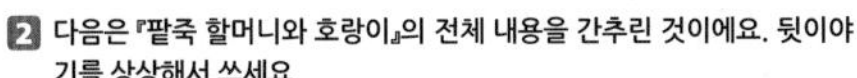

① 호랑이가 할머니를 잡아먹으려고 하자, 할머니는 팥이 자랄 때까지 살려 주면 팥죽을 쑤어 주겠다고 했다.

② 할머니가 팥죽을 쑤며 울자 지게, 멍석, 절구, 개똥, 알밤, 자라, 송곳이 팥죽을 주면 구해 주겠다고 했다.

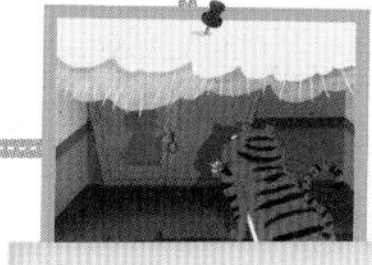

③ 할머니는 호랑이가 나타나자, 부엌에서 불씨를 가져오라고 하며 문을 열어 주지 않았다.

④ 일곱 녀석이 힘을 합쳐 호랑이를 혼내 주고 강물에 던져 버렸다.

⑤ 예 겨우 목숨을 건진 호랑이는 자신의 행동을 후회하여 그 뒤로는 착한 사람을 괴롭히지 않았다. / 강물을 헤엄쳐 나온 호랑이는 일곱 녀석에게 복수를 하려고 했지만 다시 혼쭐이 났다.

해설

1 『팥죽 할머니와 호랑이』와『팥죽 호랑이와 일곱 녀석』은 모두 호랑이가 등장하고 팥죽과 관련된 이야기일 것입니다. 그러나『팥죽 호랑이와 일곱 녀석』은 호랑이가 주인공이 되어 일곱 녀석과 관련된 이야기가 중심이 될 것임을 짐작할 수 있습니다.

2 일곱 녀석에게 혼쭐이 나고 강물에 던져진 호랑이가 죽었을지 살았을지 상상해 보고, 살았다면 어떻게 되었을지 뒷이야기를 상상해 봅니다. 자유롭게 상상해도 되지만, 앞부분의 내용과 자연스럽게 이어지도록 해야 합니다.

읽기 전 낱말 탐구

70~71쪽

1 다음 낱말에 어울리는 뜻을 찾아 선으로 이으세요.

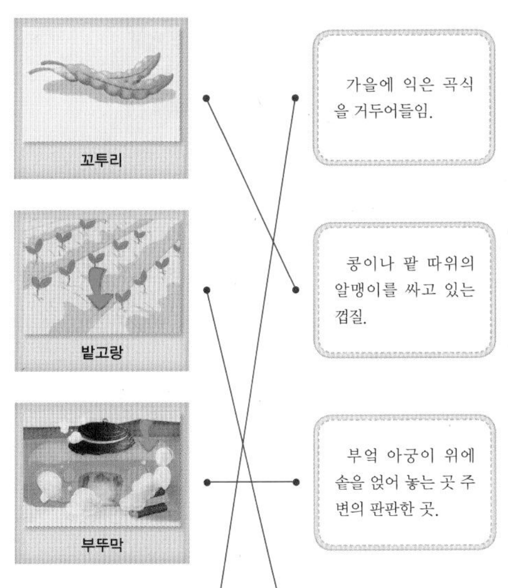

2 다음 빈칸에 알맞은 낱말을 항아리에서 찾아 쓰세요.

소를 (부려) 논을 갈았다.

편찮으신 할머니께 죽을 (쑤어) 드렸다.

우리 팀의 승리 소식에 모두들 (환호성)을 질렀다.

형이 시키는 대로 하라고 (으름장)을 놓았다.

아버지는 나의 실수를 용서하며 (호탕하게) 웃으셨다.

아이는 엄마를 찾으며 (애처롭게) 울었다.

낱말 탐구

- **부리다:** 동물이나 다른 사람을 시켜 일을 하게 하다.
- **쑤다:** 곡식의 알이나 가루를 물에 끓여 익혀서 죽이나 메주 따위를 만들다.
- **이르다:** 무엇이라고 말하다.
- **환호성:** 기뻐서 크게 부르짖는 소리.
- **으름장:** 말과 행동으로 위협하는 짓.
- **호탕하다:** 거리끼는 것이 없이 시원시원하고 통이 크다.
- **애처롭다:** 가엾고 불쌍하여 마음이 슬프다.

읽는 중 생각 쌓기 72~83쪽

한줄 톡! ❶ 팥 농사 ❷ 팥죽 ❸ (팥죽) 할머니 집

77쪽

내용 확인 1 지게, 멍석, 송곳, 자라, 개똥, 절구, 알밤
2 일곱 녀석, 복수 3 ㈐ 4 ①, ④

1 자루, 맷돌, 감자는 호랑이를 혼쭐낸 일곱 녀석에 해당하지 않습니다.

2 호랑이는 신령님을 찾아가 일곱 녀석에게 복수할 방법을 물어보았고, 신령님은 그런 호랑이에게 팥 농사를 지어 농사가 잘되면 찾아오라고 했습니다.

3 신령님은 호랑이가 할머니와 똑같이 팥 농사를 짓고 팥죽을 쑤면서 할머니의 입장이 되어 생각해 볼 수 있게 한 것입니다.

4 호랑이는 힘들게 팥 농사를 짓고 팥죽을 쑤셨을 할머니께 미안했고, 손쉽게 남의 것만 빼앗아 먹던 것이 부끄러웠습니다.

한줄 톡! ❹ 부려 먹고 ❺ 용서 ❻ 일곱 녀석

83쪽

내용 확인 1 (2) ○ 2 긴 밧줄 3 ④
4 (1) ㈑ (2) ㈏ (3) ㈐ (4) ㈎

1 호랑이는 일곱 녀석이 할머니를 머슴처럼 부려 먹는 것을 보고 기절할 것처럼 놀랐습니다.

2 자루는 절구, 긴 밧줄은 지게, 커다란 항아리는 송곳과 자라를 혼내 줄 때 사용했습니다.

3 호랑이는 일곱 녀석이 예전의 자기 모습 같아서 일곱 녀석을 용서해 주기로 했습니다. 일곱 녀석을 보면서 예전 자신의 행동을 반성한 것입니다.

4 알밤은 좋은 팥 씨앗 고르기, 송곳은 팥 심기, 개똥은 거름 만들기, 자라는 팥밭에 물 주기, 멍석은 팥꼬투리 말리기, 절구는 팥꼬투리 털기, 지게는 팥 나르기를 맡았습니다.

읽은 후 생각 정리 84~85쪽

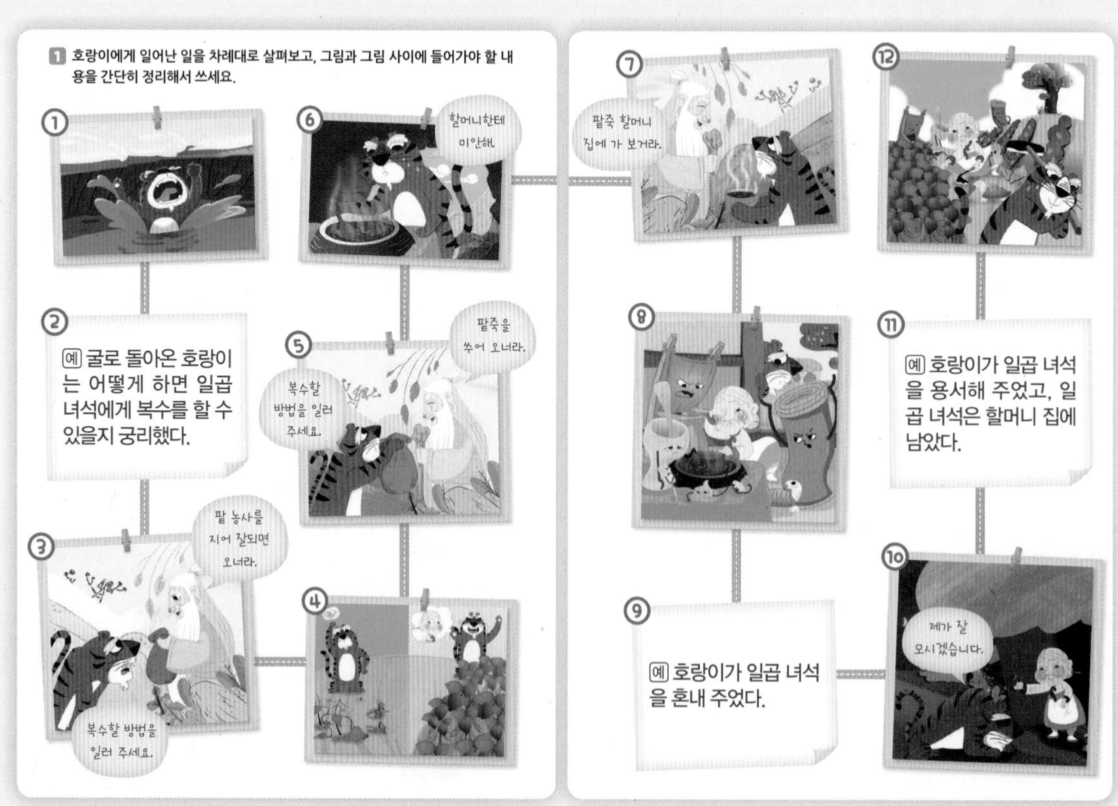

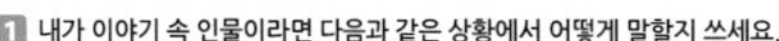

1 내가 이야기 속 인물이라면 다음과 같은 상황에서 어떻게 말할지 쓰세요.

내가 신령님이라면 "예 네가 잘못해서 당한 일인데, 복수를 왜 하려고 하지? 잘못을 반성하며 조용히 살아라. / 할머니께 잘못을 빌면 복수할 방법을 알려 주겠다. "(이)라고 말할 거야.

너희 잘못은 모두 용서해 주겠다. 나와 함께 땀 흘려 농사짓고 할머니를 잘 모시려면 여기 남고 아니면 떠나도 좋다.

내가 호랑이라면

"예 할머니께 용서를 빌고 썩 꺼져라. / 이곳에 남아 그동안의 잘못을 반성하며 할머니의 농사를 도와라."

(이)라고 말할 거야.

2 같은 일에 대한 서로의 입장은 다를 수 있어요. 다음 일에 대한 생각을 각 인물의 입장에서 쓰세요.

일곱 녀석이 할머니를 잡아먹으려고 하는 호랑이를 혼쭐내서 강물에 던져 버렸다.

일곱 녀석의 입장

예 우리 호랑이는 다른 동물을 잡아먹어야 살 수 있어. 먹이를 먹는 건 나쁜 게 아니라고!

호랑이의 입장

일곱 녀석이 호랑이한테 잡아먹힐 뻔한 할머니를 구해 주었지만, 할머니를 머슴처럼 부려 먹었다.

할머니의 입장

예 우리가 아니었으면 할머니는 호랑이한테 잡아먹혔을 거야. 그러니 우리가 시키는 대로 하는 건 당연해.

일곱 녀석의 입장

3 호랑이처럼 다른 사람의 마음을 나중에서야 이해하게 된 적이 있나요? 내 경험을 떠올려 빈칸에 알맞은 내용을 쓰세요.

어떤 일이 있었고, 그때 어떤 생각을 했나요?

예 내 친구 민서는 나한테 먼저 말을 걸지 않아서 민서가 나를 좋아하지 않는다고 생각했다.

그 생각이 어떻게 바뀌었나요? 왜 그렇게 바뀌게 되었나요?

예 자기소개 시간에 민서가 친구들한테 먼저 말을 걸고 싶은데 용기가 나지 않아 고민이라고 말하는 것을 듣고, 민서가 나를 싫어해서가 아니라 수줍은 성격이라서 그랬다는 것을 알았다.

4 『팥죽 호랑이와 일곱 녀석』처럼 뒷이야기를 상상해 보고 싶은 이야기가 있나요? 제목과 그 까닭을 쓰고, 상상한 내용을 써 보세요.

제목	예 『청개구리』
뒷이야기를 상상하고 싶은 까닭	예 청개구리가 엄마의 무덤을 냇가에 그대로 두면 언젠가 떠내려갈 수도 있기 때문이다.
상상한 내용	예 어느 비 오는 날, 잉어가 울고 있는 청개구리에게 엄마의 무덤을 안전한 곳으로 옮기는 게 어떻겠느냐고 하자, 청개구리는 엄마의 유언이라 잠시 고민하다가 잉어의 말대로 무덤을 안전한 곳으로 옮긴다.

뒷이야기를 상상할 때에는 앞부분의 내용과 자연스럽게 이어지도록 해야 해.

해설

1 신령님처럼 호랑이가 할머니의 입장을 이해해 볼 수 있도록 기회를 줄지 생각해 봅니다. 또 호랑이처럼 일곱 녀석을 용서할 수 있을지도 생각해 봅니다.

2 호랑이는 일곱 녀석이 자신을 혼쭐내고 강물에 던져 버린 일에 대해 어떻게 생각하는지, 일곱 녀석은 할머니를 머슴처럼 부린 일에 대해 어떻게 생각하는지 정리해 봅니다. 같은 일에 대한 양쪽의 입장을 생각해 보고, 양쪽을 모두 이해해 봅니다.

3 같은 일도 어떤 시각으로 보느냐에 따라 다른 의미를 가지게 됩니다. 처음에는 이해하지 못했던 일을 어떤 계기를 통해 이해하게 되었는지, 그때 내 생각은 어떻게 바뀌었는지 정리해 봅니다.

4 주인공이 이후에 어떻게 되었는지 궁금했던 이야기, 끝부분의 내용이 마음에 들지 않아 바꾸고 싶었던 이야기 등을 떠올려 자유롭게 뒷이야기를 상상해 봅니다. 이때 상상한 뒷이야기는 상상하고 싶었던 까닭에 어울리는 내용이어야 합니다.

4주 수다쟁이 피피의 요란한 바다 여행

읽기 전 생각 열기

94~95쪽

1 다음은 모두 플라스틱에 해당하는 물건들이에요. 내가 알고 있었던 것에만 ○표 하세요.

플라스틱이란?

열이나 힘이 가해지면 그 형태가 변하고, 그 열이나 힘이 사라지고 난 뒤에는 변한 형태를 유지하는 재료. 또는 이것을 사용한 제품을 통틀어 이르는 말.

▲ 칫솔 ▲ 블록 장난감 ▲ 비닐봉지
▲ 그물 ▲ 랩 ▲ 주사기
▲ 슬리퍼 ▲ 페트병 ▲ 스티로폼

2 다음 광고를 보고 알 수 있는 내용은 무엇인지 쓰세요.

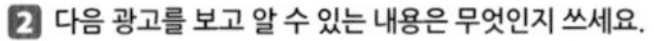

예 플라스틱이 바다 환경을 오염시키고 있다.

해설

1 플라스틱은 죽죽 잘 늘어나고 투명하며 얇은 것, 형태가 잘 변하지 않고 단단한 것, 늘어나지는 않지만 누르는 대로 모양이 바뀌는 것 등 종류가 아주 다양합니다. 그동안 모르고 사용했던 플라스틱 제품에는 어떤 것들이 있는지 확인해 봅니다.

2 광고에서 바다거북의 코에는 빨대가 꽂혀 있고, 많은 플라스틱 제품들이 바다를 오염시키고 있습니다. 과도한 플라스틱 사용으로 지구 환경이 오염되고 있다는 내용을 전하는 광고입니다.

읽기 전 낱말 탐구

96~97쪽

1 다음에서 설명하는 내용을 잘 읽고, 빈칸에 알맞은 말을 보기에서 찾아 쓰세요.

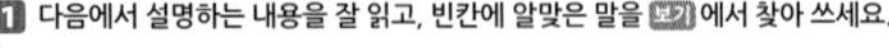

보기 하수관 배수구 하수 처리장 미세 플라스틱

2 글자 수와 낱말의 뜻을 살펴보고, 낱말 카드의 글자를 이용해서 빈칸에 알맞은 낱말을 쓰세요.

낱말 탐구

- **미세 플라스틱:** 크기가 5밀리미터 이하인 작은 플라스틱 조각을 말함. 크기가 매우 작아 하수 처리 시설에 걸러지지 않고 바다와 강으로 그대로 흘러가는데, 이를 물고기들이 먹이로 생각해 섭취하면서 큰 문제가 되고 있음. 치약, 세정제, 스크럽 등에 포함돼 있음.
- **하수:** 빗물이나 집, 공장, 병원 따위에서 쓰고 버리는 더러운 물.

읽는 중 생각 쌓기

98~109쪽

한줄 톡! ❶ 미세 플라스틱 ❷ 바다 ❸ 서해

103쪽

내용 확인 1 ㉣ → ㉯ → ㉰ → ㉮ 2 ① 3 비나 눈 4 (1) × (2) ○ (3) ○

1 피피와 친구들은 석이가 양치를 하다 뱉어 배수구를 타고 하수관으로 갔고, 하수 처리장에서 개천으로 간 뒤에 다시 바다로 갔습니다.

2 미세 플라스틱은 너무 작아서 하수 처리장에서 걸러지지 않고 바다로 흘러 들어간다고 했습니다.

3 페인트나 타이어에서 나온 미세 플라스틱들은 대부분 비나 눈에 의해 냇물이나 호수로 갔다가 바다까지 가게 된다고 했습니다.

4 대한민국은 일본, 브라질, 포르투갈, 미국 등에 비해 바다에 미세 플라스틱이 많은 편이라고 했습니다.

한줄 톡! ❹ 무덤 ❺ 플라스틱 ❻ 석이네 집

109쪽

내용 확인 1 (3) ○ 2 ③ 3 만든 것, (바다에) 버린 것 4 ㉯

1 플라스틱 섬은 북태평양은 물론, 남태평양, 북대서양, 남대서양, 인도양에도 있다고 했고, 페트병이 분해되는 데에는 450년이 걸린다고 했습니다.

2 바다 생물이 플라스틱 때문에 ① ~ ④와 같은 피해를 입고 있는데, 피피가 만난 바다거북은 ③의 피해를 입었습니다.

3 바다거북과 고래에게 사과를 하던 피피는 플라스틱을 만든 것도 사람이고, 쓰고 나서 바다에 버린 것도 사람이기 때문에 사람이 사과를 해야 한다고 말했습니다.

4 미생물이나 햇빛에 썩는 플라스틱을 만들기 위해 노력하고 있다고 했습니다.

읽은 후 생각 정리

110~111쪽

1 장소의 변화에 따라 피피에게 일어난 일을 정리해 보세요.

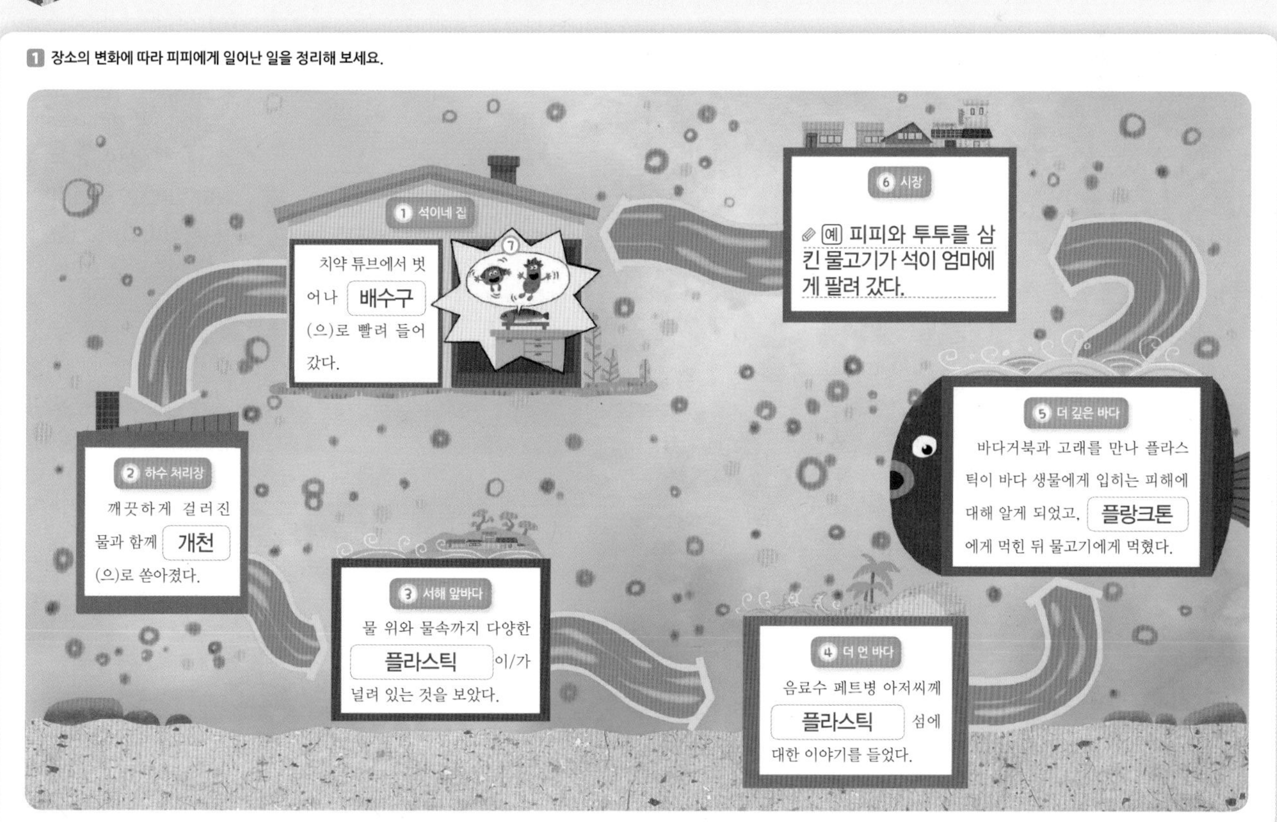

1 나는 플라스틱 쓰레기를 줄이기 위해서 얼마나 노력하고 있는지 되돌아보고, 빈칸에 알맞게 ✓표 하세요.

	상	중	하
• 일회용품 사용을 줄이려고 노력해요.	✓		
• 분리배출을 잘하고 있어요.	✓		
• 재활용을 잘하고 있어요.	✓		

2 일회용품 사용을 줄이려면 어떤 노력을 해야 할지 쓰세요.

예 음료수를 마실 때 빨대를 사용하지 않고 그냥 마신다. / 비닐봉지 대신 장바구니를 사용한다. / 생수를 사 먹지 말고 정수된 물을 먹거나 물을 끓여 먹는다.

3 다음 물건을 집에서 어떻게 재활용할 수 있을지 나만의 방법을 생각해서 쓰세요.

나는 양파를 담고 있던 망이야.

예 물이 잘 빠질 수 있으므로 입구를 예쁜 리본으로 꾸민 뒤에 목욕 장난감을 담는 주머니로 사용한다.

나는 케첩을 담고 있던 통이야.

예 윗부분을 조금 자르고 사인펜으로 예쁘게 꾸며서 꽃병으로 사용한다.

나는 옷을 걸고 있던 옷걸이야.

예 냄비 받침 모양으로 만들고 헌 옷감을 감싸 냄비 받침으로 사용한다.

4 다음은 플라스틱 쓰레기로 오염된 바다의 모습을 보여 주는 사진이에요. 사진에 어울리는 제목을 붙여 보세요.

5 『수다쟁이 피피의 요란한 바다 여행』을 읽고, 의견이 드러나는 글을 쓰기 위해서 쓸 내용을 정리하려고 해요. 다음 의견에 알맞은 까닭을 두 가지 쓰세요.

해설

1 플라스틱 쓰레기를 줄이기 위해 평소 나는 어떤 노력을 하는지 스스로의 생활을 돌아봅니다.

2 일회용 플라스틱 컵, 빨대, 비닐봉지, 페트병 등의 사용을 줄일 수 있는 방법을 생각해 봅니다.

3 양파 망은 그물 형태로 되어 있습니다. 케첩 통은 말랑말랑한 편이고 가위로 자를 수도 있습니다. 그림에 나오는 옷걸이는 잘 구부러지는 편입니다. 각 물건의 특징에 어울리는 재활용 방법을 생각해 봅니다.

4 사진에 나타난 사실만 드러나도록 제목을 붙일 수도 있지만, 사진을 보고 든 생각이나 느낌이 드러나도록 제목을 붙일 수도 있습니다. 바다와 바다거북, 바다표범이 되어 하고 싶은 말을 제목으로 표현해도 좋습니다.

5 플라스틱 쓰레기를 줄여야 하는 까닭을 써야 하므로 플라스틱 쓰레기를 줄이면 좋은 점, 플라스틱 쓰레기를 줄이지 않을 때의 문제점 등을 생각해 봅니다.

39쪽

★ 크리스마스를 맞아 산타 아저씨가 배달을 가야 하는데 도무지 물건을 찾을 수가 없대요.
산타 아저씨가 잃어버린 6개의 물건을 찾아 ○표 하세요.

65쪽

★ 어젯밤 악몽을 꾸어서 너무 무서웠어요.
기분 좋은 꿈을 꾸게 해 줄 '좋은 꿈 이불'을 만들어 보세요.

91쪽

★ 여러 가지 모양의 과자로 집을 만들어 보려고 해요.
서로 같은 모양을 가진 과자가 각각 몇 개씩 있는지 세어 보세요.

7 6 5 4

117쪽

재미로 보는 심리 테스트 결과

① 집을 종이 모서리에 작게 그렸다면!

요즘 어딘가 불안하고 두려운가요? 의지할 곳이 없어 혼자서 고민하며 끙끙대고 있네요. 주위를 둘러보면 분명 당신의 이야기를 들어 줄 사람이 있을 거예요.

② 집 주변에 나무, 새, 강아지 등을 함께 그렸다면!

요즘 마음이 외로울 때가 있었나요? 사랑받고 싶은 마음이 크네요. 이런 당신의 마음을 믿을 수 있는 누군가에게 털어놓아 보고, 자기 자신에게 사랑한다고 꼭 말해 주세요.

③ 집에 출입문을 크게 그렸다면!

다른 사람에게 의존하고 싶은 마음이 클 수 있어요. 반대로 너무 작게 그렸다면, 주변과의 소통을 피하고 혼자 있고 싶어 하는 것일 수 있어요.

④ 집에 창문을 많이 그렸다면!

창문은 대인 관계에 대한 자신의 주관적인 경험을 상징해요.
창문을 지나치게 많이 그렸다면 다른 사람에게 인정받고자 하는 욕구가 클 수 있어요. 반대로 아주 작거나 없다면 다른 사람에 대한 관심이 부족한 것일 수 있어요.

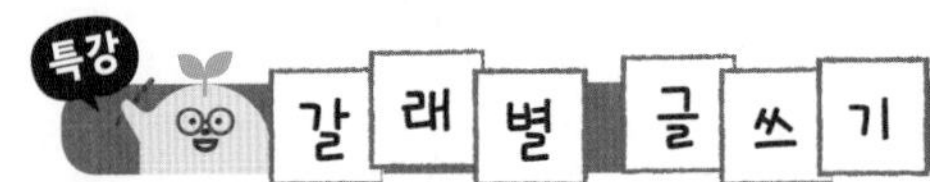

독서 감상문 어떻게 쓸까요?

122~125쪽

1 찬호, 은별 2 ㉯ 3 (2) ○ (3) ○
4 ㉰, ㉱ 5 주인공 장 발장은 ~ 베풀며 살아갔다.
6 (2) ○ 7 (1) ㉯ (2) ㉮ 8 ㉰

1 독서 감상문을 쓸 책으로는 읽으면서 여러 가지 생각을 한 책이나 새롭게 안 내용이 많은 책을 고르는 것이 좋습니다.

2 독서 감상문에는 책을 읽은 동기, 책 내용, 책을 읽고 생각하거나 느낀 점이 들어갑니다. ㉮는 책을 읽은 동기, ㉰는 책 내용, ㉱는 책을 읽고 생각하거나 느낀 점에 해당합니다.

3 독서 감상문의 제목은 (2)처럼 책 제목이 드러나게 붙일 수도 있고, (3)처럼 책을 읽고 생각한 점이 잘 드러나게 붙일 수도 있습니다.

4 책을 읽은 동기를 쓰는 것이므로 책을 읽은 까닭이 잘 드러나도록 쓴 것을 찾아봅니다.

5 책의 줄거리를 알 수 있도록 쓴 것은 '주인공 ~ 지냈다.'와 '감옥에서 ~ 살아갔다.'입니다.

6 (1)은 책 내용을 너무 간단히 썼고, 뒤에 나오는 생각이나 느낌과 어울리지 않습니다.

7 (1)은 짐의 용기에 대한 내용이 나오므로 ㉯가 알맞고, (2)는 꽃담이가 엄마를 찾아낸 내용이므로 ㉮가 알맞습니다.

8 ㉮는 생각이나 느낌을 너무 간단히 썼습니다. 책을 읽고 왜 슬펐는지가 드러나도록 구체적으로 써야 합니다. ㉯는 책 내용을 쓴 것입니다.

이렇게 써 봐요!

1 독서 감상문을 쓰고 싶은 책을 떠올려 제목을 쓰세요.

예 『헬렌 켈러』

2 1에서 답한 책을 읽은 동기를 쓰세요.

예 우리 엄마가 제일 존경하는 위인이라 궁금해서 읽게 되었다.

3 1에서 답한 책의 내용과 책을 읽고 생각하거나 느낀 점을 쓰세요.

책 내용	예 헬렌 켈러는 어렸을 때 장애를 갖게 되었다. 그래서 설리번 선생님의 도움을 받아 어렵게 말을 배웠고, 열심히 공부해서 명문 대학에 들어갔다. 이후 헬렌 켈러는 일생 동안 장애인을 위해 노력했다.
책을 읽고 생각하거나 느낀 점	예 나는 몸이 건강한데도 평소 공부하기 힘들다고 불평을 할 때가 많다. 그런 내가 부끄럽다. 앞으로는 나도 헬렌 켈러처럼 어떤 어려움이 있어도 이겨 내고 남에게 베풀며 살아가고 싶다.

4 1~3에서 정리한 내용을 바탕으로 하여 독서 감상문을 쓰세요.

예 『헬렌 켈러』를 읽고

우리 엄마가 제일 존경하는 위인은 헬렌 켈러이다. 그래서 헬렌 켈러가 어떤 사람인지 궁금해서 책을 읽게 되었다.

헬렌 켈러는 어렸을 때 심한 병에 걸려 장애를 갖게 되었다. 듣지도 못하고 보지도 못하게 된 것이다. 그래서 설리번 선생님의 도움을 받아 어렵게 말을 배웠다. 그리고 열심히 공부해서 장애를 가지지 않은 사람도 들어가기 힘든 명문 대학에 들어갔다. 설리번 선생님의 희생적인 도움과 헬렌 켈러의 끊임없는 노력 덕분이었다.

이후 헬렌 켈러는 시각 장애인들을 위해 모금 운동을 벌이고 시각 장애인을 위한 제도 마련을 위해 정치인을 설득하는 등 일생 동안 장애인을 위해 노력했다.

헬렌 켈러는 장애를 가진 몸으로 어떻게 그런 위대한 일들을 할 수 있었을까? 나는 헬렌 켈러보다 몸이 건강한데도 평소 공부하기 힘들다고 불평을 할 때가 많다. 그런 내가 부끄럽다. 앞으로는 나도 헬렌 켈러처럼 어떤 어려움이 있어도 이겨 내고 남에게 베풀며 살아가고 싶다.

제안하는 글 어떻게 쓸까요?

130~133쪽

1 반 친구들 2 (2) ○ 3 (1) ○ 4 ㉯
5 나윤 6 (3) ○ 7 (3) ○ 8 (1) ○

1 학급 문고를 깨끗하게 사용하자고 제안하는 것이므로 학급 문고를 이용하는 반 친구들에게 제안하는 글을 써야 합니다.

2 제안하는 글의 제목은 제안하는 내용이 잘 드러나게 정해야 하므로 줄임 말을 사용하지 말자는 제안이 잘 드러나는 제목을 찾아봅니다.

3 친구들이 음식을 너무 많이 남기는 문제 상황이 나타나 있으므로 (1)이 알맞습니다.

4 ㉮는 문제 상황을 썼지만 자세히 드러나지 않고, ㉰는 문제 상황을 쓴 것이 아닙니다.

5 친구가 안전 장비를 착용하지 않은 채 자전거를 타다가 다친 상황이므로 나윤이의 제안이 어울립니다. 자전거를 타지 말자는 제안은 문제 상황에 어울리기는 하지만, 현실적으로 실천하기 어려운 제안입니다.

6 (1)은 문제 상황을 해결할 수 있는 제안이 아니고, (2)는 제안에 어울리는 표현을 사용하지 않았습니다.

7 '왜냐하면 ~하기 때문입니다.', '만약 ~하면 ~할 수 있습니다.' 같은 표현을 사용하여 알맞게 고쳐 쓴 것을 찾아봅니다.

8 (2)와 (3)은 수업 시간에 스마트폰의 전원을 꺼 놓아야 하는 까닭으로 알맞지 않습니다. (3)은 수업 시간에 스마트폰을 활용하면 좋은 점입니다.

이렇게 써 봐요!

1 우리 주변에서 해결되기를 바라는 문제 상황을 한 가지 떠올려 쓰세요.

예 복도에서 뛰다가 서로 부딪혀서 다치는 친구들이 있습니다.

2 1에서 답한 문제 상황을 해결하기 위해 누구에게 제안하는 글을 쓸 것인지 쓰세요.

예 우리 학교 학생들

3 1에서 답한 문제 상황을 해결하기 위해 제안할 내용과 그것을 제안하는 까닭을 쓰세요.

제안할 내용	예 복도에서 뛰지 맙시다.
제안하는 까닭	예 • 복도에서 뛰면 다른 사람과 부딪혀서 다칠 수 있습니다. • 복도에서 뛰면 먼지가 많이 나서 건강에 해롭습니다.

4 1~3에서 정리한 내용을 바탕으로 하여 제안하는 글을 쓰세요.

예 복도에서 뛰지 말자!

어제 한 친구가 복도에서 뛰다가 다른 친구와 부딪혀서 두 친구 모두 크게 다쳤습니다. 지난주에도 비슷한 일이 있었습니다.

복도에서 뛰지 맙시다. 복도에서 뛰면 다른 사람과 부딪혀서 다칠 수 있습니다. 또 복도에서 뛰면 먼지가 많이 나서 건강에 해롭습니다.

독서 노트

내가 읽은 책은?

읽은 날짜 월 일

책 제목	지하 정원
글쓴이	조선경

1 이 글을 읽고 기억에 남는 장면과 그 까닭을 쓰세요.

✔ 기억에 남는 장면

예 모스 아저씨가 터널 안에 아저씨만의 아담한 정원을 만드는 장면

✔ 그 까닭

예 터널 안은 어둡고 지저분한 곳이라고 생각하기 쉬운데 그런 곳에 편안하게 쉴 수 있는 공간을 만든 모스 아저씨가 대단하다고 생각했기 때문이다.

2 이 글을 읽고 어떤 생각이나 느낌이 들었는지 쓰세요.

예 모스 아저씨는 지하철 청소부라는 직업을 가졌지만, 지하철 터널 안에 나무를 심어 도시 한복판에 사람들이 쉬어 갈 수 있는 쉼터가 만들어지게 했다. 그것을 통해 사람들이 별 볼 일 없다고 생각하는 직업이라도 그 일에 나만의 생각을 가지고 열심히 하다 보면 세상에 큰 변화를 가져올 수 있다는 생각을 하게 되었다.

※ 가이드북 16쪽에 있는 예시 답안을 확인하세요.

내가 읽은 책은?

읽은 날짜 월 일

책 제목	내 친구가 사는 곳이 궁금해
글쓴이	김향금

1 이 글을 읽고 새로 알게 된 내용과 그 내용에 대한 생각이나 느낌을 쓰세요.

✔ 새로 알게 된 내용

예 사람들이 사는 곳에 따라 살아가는 모습도 달라진다는 것을 알게 되었다.

✔ 생각이나 느낌

예 추운 지방과 더운 지방 사람들이 사는 모습이 다르다는 것을 책에서 읽은 적이 있는데, 대도시와 마을에 사는 사람들도 사는 모습이 다르다고 하니 신기하고 재미있다.

2 이 글을 읽고 더 알고 싶은 내용은 무엇인지 쓰세요.

예 우리나라에서는 도시나 마을의 문제를 해결하기 위해 어떤 노력을 하고 있는지 궁금하다.

※ 가이드북 16쪽에 있는 예시 답안을 확인하세요.

내가 읽은 책은?

읽은 날짜 월 일

책 제목	팥죽 호랑이와 일곱 녀석
글쓴이	최은옥

1 이 글을 읽고 기억에 남는 장면과 그 까닭을 쓰세요.

✔ 기억에 남는 장면

예 호랑이가 팥죽 할머니 집으로 달려가는 장면

✔ 그 까닭

예 호랑이가 오랫동안 보고 싶었던 사람을 만나러 가는 것처럼 느껴졌기 때문이다.

2 이 글을 읽고 어떤 생각이나 느낌이 들었는지 쓰세요.

예 호랑이가 팥죽 할머니가 힘들게 만든 것을 쉽게 빼앗아 먹으려고 했던 자신을 뉘우치는 모습을 보면서 상대방의 입장에서 생각하면 이해할 수 있는 것들이 더 많아진다는 것을 느꼈다. 그래서 이해할 수 없는 행동을 하는 친구가 있다면 그 친구의 입장에서 생각해 보려고 노력해야겠다고 생각했다.

※ 가이드북 16쪽에 있는 예시 답안을 확인하세요.

내가 읽은 책은?

읽은 날짜 월 일

책 제목	수다쟁이 피피의 요란한 바다 여행
글쓴이	왕입분

1 이 글을 읽고 기억에 남는 장면과 그 까닭을 쓰세요.

✔ 기억에 남는 장면

예 피피가 바다거북과 고래를 만나 이야기를 나누는 장면

✔ 그 까닭

예 플라스틱 쓰레기로 인해 바다 생물들이 큰 피해를 입고 있다는 것을 알게 되었기 때문이다.

2 이 글을 읽고 어떤 생각이나 느낌이 들었는지 쓰세요.

예 플라스틱 쓰레기가 바다를 얼마나 오염시키고 있는지 잘 몰랐는데 이 글을 통해 그 정도가 아주 심각하다는 것을 깨달았다. 또한 그 피해는 다른 생물에게 피해를 주는 것에서 그치지 않고 사람에게도 피해를 준다는 사실이 더 놀라웠다. 지금이라도 나부터 플라스틱 쓰레기를 줄이기 위해서 노력해야겠다.

※ 가이드북 16쪽에 있는 예시 답안을 확인하세요.

4 1~3에서 정리한 내용을 바탕으로 하여 제안하는 글을 쓰세요.

글

1주 『**지하 정원**』 조선경 글 | 보림 | 2005년

2주 『**내 친구가 사는 곳이 궁금해**』 김향금 글 | 열린어린이 | 2013년

3주 『**팥죽 호랑이와 일곱 녀석**』 최은옥 글 | 국민서관 | 2015년

▸ 위에 제시되지 않은 사진이나 이미지는 사용료를 지불하고 셔터스톡 코리아에서 대여했음을 밝힙니다.

▸ 길벗스쿨은 이 책에 실린 모든 글과 사진의 출처를 찾기 위해 최선의 노력을 기울였습니다.
저작권자를 찾지 못해 허락을 받지 못한 글과 사진은 저작권자가 확인되는 대로 통상의 사용료를 지불하겠습니다.